Gemeinwohl und Eigennutz

Wirtschaftliches Handeln in Verantwortung für die Zukunft

Eine Denkschrift
der Evangelischen Kirche in Deutschland

Gütersloher Verlagshaus Gerd Mohn

Im Auftrag des Rates der Evangelischen Kirche in Deutschland
herausgegeben vom Kirchenamt der EKD

Die Deutsche Bibliothek – CIP-Einheitsaufnahme

Gemeinwohl und Eigennutz:
Wirtschaftliches Handeln in Verantwortung für die Zukunft;
eine Denkschrift der Evangelischen Kirche in Deutschland/ [im
Auftr. des Rates der Evangelischen Kirche in Deutschland hrsg.
vom Kirchenamt der EKD]. – Gütersloh : Gütersloher Verl.-
Haus Mohn, 1991
   ISBN 3-579-01963-5
NE: Evangelische Kirche in Deutschland

ISBN 3-579-01963-5

Umschlagentwurf: Brigitte Willberg, Vockenhausen
Gesamtherstellung: Clausen & Bosse, Leck
Printed in Germany

Inhalt

Vorwort

Der Titel soll aufmerken lassen: Gemeinwohl und Eigennutz. Das Verhältnis beider Größen zueinander ist spannungsvoll. Eigennutz zeigt sich nicht selten in der Gestalt eines rücksichtslosen Egoismus und steht dann im Widerspruch zum Gebot der Nächstenliebe. Gemeinwohl bezeichnet dagegen einen Zustand, in dem das Wohlergehen aller, auch der nachfolgenden Generationen, im Auge behalten wird. Die Aufgabe wirtschaftlichen Handelns besteht darin, Strukturen zu schaffen, in denen sich Selbsterhaltung und Sorge für sich selbst mit Fürsorge für andere und Rücksicht auf das gemeinsame Leben verbinden.

Von eben diesen Überlegungen ist das Konzept der Sozialen Marktwirtschaft bestimmt: Gewinnorientierung und Wettbewerb sind nicht Sinn und Ziel des Wirtschaftens, sondern lediglich Instrumente, die der Versorgung mit notwendigen Gütern dienen. In der Praxis der Sozialen Marktwirtschaft ist freilich immer wieder zu fragen, ob die Gewinnorientierung des Systems tatsächlich der Rücksichtnahme auf die wirtschaftlich Schwächeren zu- und untergeordnet bleibt.

Diese Denkschrift ist ein weiterer Beitrag auf dem Weg zu einer evangelischen Soziallehre. 1985 hat der Rat der Evangelischen Kirche in Deutschland in der Denkschrift «Evangelische Kirche und freiheitliche Demokratie» die Zustimmung zur demokratischen Ordnung des Gemeinwesens begründet und sie verbunden mit der Aufforderung zu wacher Bereitschaft, neue Herausforderungen zu erkennen und auf sie zu antworten. Die politischen Veränderungen in Deutschland und darüber hinaus in anderen Ländern Mittel- und Osteuropas haben dem Zusammenhang zwischen einer freiheitlichen Demokratie und der Ordnung der Sozialen Marktwirtschaft neue Bedeutung verliehen. Darum behandelt die jetzt vorgelegte Denkschrift die Fragen der Zukunftsfähigkeit wirtschaftlichen Handelns und der wirtschaftlichen Ordnung unseres Gemeinwesens. Dabei verbindet sie die Anerkennung der Leistungsfähigkeit einer sozial verpflichteten Marktwirtschaft mit der klaren Bestimmung der Herausforderungen, vor denen sich wirtschaftliches Handeln in Deutschland und weltweit zu bewähren hat.

Zu diesen Herausforderungen zählt aus deutscher Sicht die Umstellungskrise, von der viele Menschen in den neuen Bundesländern betroffen sind. Wie sie in materieller, sozialer und seelischer Hinsicht überwunden werden kann, läßt sich gegenwärtig noch von niemandem zureichend beurteilen. Die evangelische Kirche ruft zu mehr Solidarität auf. Sie wird die Entwicklung aufmerksam begleiten.

Der Rat dankt der Kammer für Öffentliche Verantwortung und den anderen am Vorbereitungsprozeß beteiligten Gremien für die Erarbeitung dieser Denkschrift. Sie bildet eine Plattform, auf der das Gespräch über zukunftsfähiges wirtschaftliches Handeln auch über fortbestehende unterschiedliche Urteile hinweg aufgenommen und geführt werden kann.

Eine Denkschrift ist kein abschließendes Wort, sondern eröffnet einen Prozeß weiterer gemeinsamer Nachdenkens. Der Rat hofft darauf, daß diese Denkschrift auf vielen Ebenen – in Gemeinden ebenso wie im Raum politischer Verantwortung, mit Vertretern der Wirtschaft und der Gewerkschaften, mit Befürwortern wie Kritikern der Sozialen Marktwirtschaft – ein Anlaß und ein Gegenstand intensiver Erörterung wird.

Hannover, 13. September 1991

Bischof Dr. Martin Kruse
Vorsitzender des Rates
der Evangelischen Kirche
in Deutschland

Einleitung

(1) Wer wirtschaftlich handelt, übernimmt Verantwortung für andere Menschen und für die Mitwelt. Solches Handeln bestimmt Tag für Tag das Zusammenleben aller Menschen in der Gesellschaft, wirkt auf die Strukturen des gemeinsamen Lebens wie auf die persönliche Lebensführung nachhaltig ein und spielt für die Zukunft der gesamten Menschheit eine überragende Rolle. In christlicher Perspektive ist alles Handeln vor Gott zu verantworten. Darum fragen Christen nach Maßstäben des Gebotes Gottes, von denen sich im wirtschaftlichen Handeln Verantwortung für andere Menschen und für die Mitwelt leiten lassen soll.

(2) Die Denkschrift »Evangelische Kirche und freiheitliche Demokratie« (1985) hat Grundfragen der demokratischen Staatsform erörtert und die Zustimmung evangelischer Christen zur freiheitlichen Demokratie des Grundgesetzes begründet. Unter den »Herausforderungen der Gegenwart« wurden damals die ökonomischen Probleme nicht ausführlich diskutiert; Fragen der wirtschaftlichen Macht in einem demokratisch verfaßten Staat wie überhaupt der praktizierten wirtschaftlichen Ordnung wurden einer eigenen Behandlung vorbehalten. Die nunmehr vorgelegte Denkschrift befaßt sich ausdrücklich mit dieser Thematik. Sie erörtert Strukturen und Aufgaben wirtschaftlichen Handelns im Rahmen der Sozialen Marktwirtschaft und entwickelt Perspektiven christlicher Verantwortung im Blick auf die gegenwärtigen Herausforderungen.

(3) Die politischen Veränderungen der letzten Jahre in Europa und in Deutschland schaffen eine neue Situation für die Frage nach einem menschengerechten und zugleich sachgerechten wirtschaftlichen Handeln. Jahrzehntelang war die Diskussion überall und so auch in den Kirchen beherrscht von der Alternative »Kapitalismus oder Sozialismus«. Ausgesprochen oder unausgesprochen hieß die Leitfrage: Wer ist besser? West oder Ost? Im Schatten der politischen Konkurrenz der Systeme wurden – auf beiden Seiten – kritische Anfragen zwar immer wieder gestellt, aber oft als systemverändernd verdächtigt. Daß »Kapitalismus« und »Sozialismus« undeutliche, mehrdeutige Begriffe sind, blieb oft verdeckt.

Jetzt ist die Situation grundlegend verändert. Der »real existierende Sozialismus« ist gescheitert. Das Versagen einer auf zentrale Planung und Lenkung abgestellten Wirtschaftsordnung liegt zu Tage. Die marktwirtschaftliche Ordnung hat, jedenfalls im nationalen und regionalen Kontext, ihre ökonomische Leistungsfähigkeit erwiesen. Sie ist – daran gemessen – im Vergleich mit anderen Modellen offenkundig die leistungsfähigere Wirtschaftsordnung. In nahezu allen Ländern, die bisher zum »real existierenden Sozialismus« gehörten, sind marktwirtschaftlich orientierte Reformen in Gang gesetzt worden, und die Menschen, zumal in den neuen Bundesländern, verbinden damit nach wie vor große Erwartungen auf eine durchgreifende und anhaltende Besserung ihrer wirtschaftlichen Lage. In dieser Situation stellt sich die Leitfrage neu. Nicht mehr: Ist die marktwirtschaftliche Ordnung besser als ein durch Verweigerung der Freiheitsrechte politisch-moralisch disqualifiziertes, ökonomisch ineffektives Kommandosystem? Sondern: Leistet sie, was von ihr erwartet wird? Wird sie den Anforderungen, die an sie gestellt werden müssen, gerecht? Ist sie verträglich in sozialer Hinsicht, im internationalen Kontext, für den Lebensraum der Erde und mit der demokratischen Ausübung und Kontrolle von Macht?

(4) Die Erfolge der Sozialen Marktwirtschaft sind offenkundig. Aber im Blick auf die Welt, in der wir leben, bleiben zutiefst beunruhigende Fragen. Sie werden lebendig gehalten von der fortbestehenden und wachsenden Not in vielen Ländern der Zweiten und Dritten Welt, von der Bedrohung der natürlichen Grundlagen des Lebens und von der anhaltenden Ausgrenzung von Minderheiten in Arbeitslosigkeit und Armut. Stehen diese und andere krisenhafte Erscheinungen in einem ursächlichen Zusammenhang mit der marktwirtschaftlichen Wirtschaftsstruktur? Wie kann die Marktwirtschaft diesen Herausforderungen in verträglicher Weise begegnen? Welche Fortentwicklungen der Sozialen Marktwirtschaft sind gefordert?

Die Fragen nehmen für Christen noch einmal eine andere Wendung: Kann ich als Christ »hungern und dürsten nach Gerechtigkeit« oder dem Gebot der Nächstenliebe gehorsam sein und zugleich im Rahmen einer marktwirtschaftlichen Ordnung verantwortlich mitwirken – in den Unternehmen oder in den Gewerkschaften, als Politiker oder auch als Verbraucher? Welche Bedingungen müssen erfüllt sein, damit ich als Christ einer marktwirtschaftlich orientierten Ordnung zustimmen kann?

Im Hintergrund stehen tiefverwurzelte und traditionsreiche christliche Vorbehalte gegen die kapitalistische Wirtschaftsweise und ihren Einfluß auf die Einstellung und die alltägliche Lebensführung der Menschen. Führen wirtschaftliches Wachstum und materieller Erfolg nicht zu immer größerer Abhängigkeit der Menschen von ökonomischen Kategorien? Haben Wettbewerb und Konkurrenz nicht zerstörerische Folgen für das soziale Zusammenleben?

Mit besonderem Nachdruck werden solche Fragen von Christen gestellt, die sich in der ehemaligen DDR aus innerer Überzeugung am Aufbau einer »sozialistischen« Gesellschaft beteiligt haben. Die Vision einer auf das Gemeinwohl und den Schutz der Schwachen ausgerichteten Gesellschaft ist mit dem Ende des »real existierenden Sozialismus« nicht einfach erledigt. Bedeutet die Einführung der marktwirtschaftlichen Ordnung die Absage an alle bisherigen Ideale? Kann sie angesichts ihrer Effizienz bestenfalls als notwendiges Übel akzeptiert werden? Oder sind wesentliche Elemente der »sozialistischen« Vision längst schon, wenn auch nie abgeschlossen und zureichend, im Konzept und in der Realität einer Sozialen Marktwirtschaft wirksam?

(5) In den neuen Bundesländern stellen sich spezifische wirtschaftliche und soziale Probleme. Die Schwierigkeiten beim Übergang zu einer marktwirtschaftlich orientierten Ordnung sind teilweise unterschätzt worden. Noch für geraume Zeit werden zwischen den wirtschaftlichen Verhältnissen auf dem Gebiet der alten Bundesrepublik Deutschland und der ehemaligen DDR ausgeprägte Unterschiede bestehen. Diese Denkschrift kann und will kein Wort zu den aktuellen Übergangsproblemen und -aufgaben sein. Dafür müssen in der evangelischen Kirche andere Wege und Formen gewählt werden. Gleichwohl nimmt die Denkschrift an zahlreichen Stellen auf die Übergangsprobleme und -aufgaben in den neuen Bundesländern Bezug.

(6) Bei allen Anfragen an die Marktwirtschaft muß mitbedacht werden, daß Wirtschaftsordnungen nicht isoliert betrachtet und beurteilt werden können. Der Mechanismus des Marktes ist ein Instrument, dessen Wirkungsweise entscheidend beeinflußt wird von den Rahmenbedingungen, die die Politik, aber auch der kulturelle Kon-

text und damit die in einer Gesellschaft vorherrschenden Denk- und Verhaltensmuster vorgeben. Die Frage, ob die Wirtschaftsordnung der Sozialen Marktwirtschaft die großen Zukunftsherausforderungen bestehen werde, muß durch die weiter ausgreifende Frage ergänzt werden: Welcher politischen Vorgaben, welcher Einstellungen, welchen zivilisatorischen Kontextes bedarf es, damit ein, für sich genommen, unzweifelhaft effizientes Instrument sich in einer bestimmten historischen Konstellation bewähren kann? Diese Erweiterung der Fragestellung kann auch die erwünschte Wirkung haben, klarzumachen, daß wir in das zu erörternde Problem alle einbezogen sind: als diejenigen, die mit dem Regelsystem Marktwirtschaft so oder anders umgehen, in ihm so oder anders handeln.

(7) Aus der Evangelischen Kirche in Deutschland und aus dem Bund der Evangelischen Kirchen in der DDR ist in der Vergangenheit eine ganze Reihe von Äußerungen zu Wirtschaftsfragen veröffentlicht worden. Die wichtigsten Stellungnahmen sind in Anhang B aufgeführt. Sie befassen sich teils mit grundsätzlichen Fragen der wirtschaftlichen Ordnung, teils mit speziellen Fragen der Sozial-, Entwicklungs- und Umweltpolitik. Auch in anderen Kirchen wird das Wirtschaftsthema erörtert. Der Zentralausschuß des Ökumenischen Rates der Kirchen hat 1988 unter der Federführung der »Kommission für Kirchlichen Entwicklungsdienst« (CCPD) einen Arbeitsprozeß zu den Fragen des wirtschaftlichen Lebens eingeleitet.

In vielen Gruppen innerhalb der evangelischen Kirche wird eine intensive Diskussion über die Auswirkungen der kapitalistischen Wirtschaft auf die Situation der Menschen vor allem in der Dritten Welt, auf die natürliche Umwelt und auf die sozial Benachteiligten geführt. Dabei wird zum Teil tiefgehende Kritik an der Marktwirtschaft geübt. Die Dokumente des »konziliaren Prozesses gegenseitiger Verpflichtung für Gerechtigkeit, Frieden und Bewahrung der Schöpfung« belegen dies. Unverkennbar besteht aber auch eine tiefe Ratlosigkeit: Auf welchem Weg kann das Engagement von einzelnen und von Gruppen überhaupt wirksam werden? Kann der Appell zur »Umkehr« erkennbare und praktikable Alternativen benennen? Läßt sich die Kritik mit dem Erfordernis effizienten wirtschaftlichen Handelns verbinden? Verschiedentlich ist im »konziliaren Prozeß« die Forderung aufgestellt worden, daß in den Kirchen zunächst einmal

eine »Alphabetisierung«, also eine Verbesserung der Grundkenntnisse in Wirtschaftsfragen erreicht werden müsse. Auch in diesem
Kontext ist die vorliegende Denkschrift zu lesen.

(8) Der Zusammenhang von ökonomischen Fragen mit politischen, kulturellen und humanen Lebensfragen ist äußerst komplexer
Natur. Er ist nicht auf einfache Formeln zu bringen. Zu einer lebendigen und kritischen Kultur gehört es, daß Sachverstand und Gemeinwohl zusammenfinden. Auch Nichtfachleute müssen sich um einen
Zugang zu diesen Fragen bemühen. Die Diskussion ist möglichst breit
und vielfältig zu führen. Darauf ist die demokratische Ordnung des
Gemeinwesens angewiesen. Nichtfachleute sind verpflichtet, sich im
Maße ihrer Möglichkeiten sachkundig zu machen. Fachleute müssen
bereit sein, auf kritische Anfragen einzugehen. Solche Anfragen dürfen, auch wenn sie noch nicht zu überzeugenden Antworten führen,
nicht allein mit dem Hinweis auf mangelnde Kompetenz und fehlenden Sachverstand zurückgewiesen werden.

(9) Die evangelische Kirche ist oft dem Vorwurf einer gewissen
»Wirtschaftsfremdheit« ausgesetzt gewesen. Mit dieser Denkschrift
soll das Gespräch über Fragen der Wirtschaftsordnung und des verantwortlichen wirtschaftlichen Handelns in christlicher Perspektive
vertieft und in eine neue Richtung gelenkt werden. Sie richtet sich in
erster Linie an Christen, die in eigener Kompetenz in einer Vielzahl
von Berufen und Funktionen des wirtschaftlichen Lebens tätig sind.
Sie sucht darüber hinaus das Gespräch mit allen, die in Wirtschaft,
Politik und Öffentlichkeit an Verantwortung teilhaben. Das Stichwort
»Wirtschaft« läßt häufig zunächst und vor allem an Wirtschaftsunternehmen, die in ihnen tätigen und für sie verantwortlichen Personen
denken. Aber an den wirtschaftlichen Prozessen und Entscheidungen
sind – gewiß in unterschiedlicher Weise – ebenso die Träger politischer
Mandate, die Mitarbeiter in den Verwaltungen, die Unternehmerund Arbeitnehmerorganisationen, zahlreiche Interessenverbände und
nicht zuletzt jede Bürgerin und jeder Bürger beteiligt.

(10) Die vorliegende Denkschrift ist von der Kammer für Öffentliche Verantwortung in Zusammenarbeit mit der Kammer für soziale
Ordnung, der Kammer für Kirchlichen Entwicklungsdienst und dem
Ausschuß »Kirche und Gesellschaft« des Bundes der Evangelischen
Kirchen in der DDR (s. zu diesem noch insbesondere Anhang A unten

S. 141 ff.) vorbereitet worden. Sie stellt den Versuch einer umfassenden Verständigung der evangelischen Kirche über die Strukturen des wirtschaftlichen Handelns innerhalb der Sozialen Marktwirtschaft der Bundesrepublik Deutschland (Teil II) in Verbindung mit biblischen Grundorientierungen christlicher Verantwortung (Teil III) dar. Die darin entwickelten Einsichten und Positionen stehen vor dem Hintergrund der maßgeblichen gegenwärtigen Herausforderungen an die Zukunftsfähigkeit wirtschaftlichen Handelns und der speziellen Herausforderung im vereinten Deutschland (Teil I) und werden auf bestimmte Aufgaben hin konkretisiert (Teil IV).

Teil I:
Herausforderungen an die Zukunftsfähigkeit wirtschaftlichen Handelns

(11) Auf Herausforderungen zu reagieren ist eine fortwährende Aufgabe wirtschaftlichen Handelns. Diese Herausforderungen sind teils grundsätzlicher Natur – dazu gehört die Verwirklichung größerer sozialer Gerechtigkeit –, teils erwachsen sie aus den aktuellen Umständen.

Heute bestehen nach allgemeiner Überzeugung für das wirtschaftliche Handeln nicht nur im deutschen, sondern darüber hinaus auch im europäischen und globalen Kontext vor allem vier Herausforderungen. Wirtschaftliches Handeln ist nicht zukunftsfähig, d. h. es hat keine Zukunft und schafft keine Zukunft, wenn auf diese Herausforderungen keine Antwort gefunden wird. Die vier im folgenden gekennzeichneten Herausforderungen haben einen unterschiedlichen Rang: Probleme historischen Ausmaßes wie die Bedrohung der natürlichen Grundlagen des Lebens und die Verelendung weiter Teile der Weltbevölkerung stehen neben Binnenproblemen der entwickelten Industriegesellschaft, für die Lösungsmöglichkeiten und -ansätze im Prinzip vorhanden sind. Aus der Sicht der betroffenen Menschen finden freilich häufig diejenigen Herausforderungen das stärkste Interesse, die für sie selbst im Vordergrund stehen. Diese subjektive Perspektive rechtfertigt es, die Herausforderungen trotz ihres objektiv unterschiedlichen Gewichtes zusammenzusehen.

Im vereinten Deutschland steht das wirtschaftliche Handeln derzeit vor einer speziellen Herausforderung. Der Sache nach geht es auch hier um die Aufgaben, die dem wirtschaftlichen Handeln heute allgemein gestellt sind und die sich mit den Stichworten Schöpfungsverträglichkeit, Sozialverträglichkeit und Demokratieverträglichkeit verbinden. Im gegenwärtigen deutschen Kontext muß der Herausforderung durch die auseinanderklaffenden Lebensverhältnisse in West-

17

und Ostdeutschland aber besondere Aufmerksamkeit zugewendet
werden.

1. Wirtschaft und die natürlichen Grundlagen
des Lebens

(12) Über Grenzen und Kontinente hinweg wächst die Einsicht, daß die Erde als Lebensraum der Menschen und aller
Lebewesen in einem noch nicht dagewesenen Ausmaß bedroht ist. Wie können die Menschen die Fähigkeit erwerben,
sich so zu verhalten und mit den technischen, wirtschaftlichen und politischen Systemen so umzugehen, daß wirtschaftliches Handeln mit der Schöpfung verträglich ist?

(13) Anzeichen für eine tiefgreifende Bedrohung der Erde als Lebensraum sind vor allem:

● Die Elemente der Biosphäre: Wasser, Boden, Luft, die die Umweltpolitik Medien nennt, sind geschädigt und werden weiter belastet.
Die Gefährdung der Ozonschicht vor allem durch Fluorchlor-
kohlenwasserstoffe (FCKW), der insbesondere durch den hohen
Kohlendioxidausstoß ausgelöste »Treibhaus«-Effekt in der Erd-
atmosphäre und die Vergiftung von Boden und Grundwasser
durch Abfälle sind nur drei besonders herausragende Beispiele.
Partielle Verbesserungen werden durch neue schädigende Einflüsse wieder aufgezehrt.
● Die Menschen sind dabei, einen immer größeren Teil der mit ihnen
die Erde bewohnenden Arten auszurotten und damit die für das
Leben förderliche und notwendige genetische Vielfalt zu beseitigen.
● Schädigungen an einzelnen Stellen und in einzelnen Hinsichten
führen am Ende zum Zusammenbruch ganzer Lebensgemein-
schaften. Alarmierend ist im Blick auf die Verhältnisse in Deutschland z. B. die Bedrohung der Ökosysteme Wald, Alpen und Wat-
tenmeer.

(14) Auf die eine oder die andere Weise sind alle schädigenden Einflüsse der Menschen auf die Biosphäre Teil oder Folge ihres wirtschaftlichen Handelns. Ohne umsteuernde Eingriffe wird das wirtschaftliche Handeln, seiner eigenen Dynamik folgend, weiterhin auf Kosten der natürlichen Grundlagen des Lebens gehen. Die ökologische Krise ist Ausdruck und Folge eines Denkens, das die natürliche Mitwelt des Menschen fast ausschließlich unter dem Gesichtspunkt des kurzfristigen ökonomischen Nutzens betrachtet. Im Rahmen des herrschenden Zivilisationsmodells ist der Gedanke, daß die Mitgeschöpfe des Menschen mehr sind als bloße Verfügungsmasse und daß sie einen eigenen Wert und Sinn besitzen, nahezu geschwunden. Dominierend ist die Fragestellung: Wie müssen Gesellschaft und natürliche Mitwelt organisiert werden, um ein wirtschaftliches Optimum zu erreichen? Demgegenüber kommt es darauf an, eine weitsichtige und in langen Fristen denkende Ökonomie zu entwickeln, die von der Fragestellung geleitet wird: Wie muß die Wirtschaft organisiert werden, um in der Orientierung an den Dimensionen der Existenzsicherung, der Sozialverträglichkeit und der Mitweltfreundlichkeit ein gesellschaftliches und lebenerhaltendes Optimum zu erzielen?

(15) Vorerst noch kleine Minderheiten versuchen, durch Änderungen ihres persönlichen Verhaltens der Herausforderung im Maße des ihnen Möglichen Rechnung zu tragen (z. B. bei der Abfallvermeidung oder den Ernährungsgewohnheiten). Diese Versuche sind wichtig und bedürfen der Ermutigung. Aber die individuelle Bereitschaft zur Verhaltensänderung genügt nicht – wie die einzelnen selbst am meisten spüren. Es bedarf dringend struktureller Maßnahmen. Der ökologische Umbau der Industriegesellschaft kann nur gelingen, wenn auf der staatlichen wie der überstaatlichen Ebene durch verschiedene Maßnahmen – Anreize, Vereinbarungen, Steuern, Verbote – der Rahmen für ein sozial- und umweltverträgliches wirtschaftliches Handeln geschaffen wird und wenn in Wirtschaft und Gesellschaft die Bereitschaft vorhanden ist, beim Zustandekommen derartiger Regelungen und bei ihrer Umsetzung in umsichtiger Selbstbegrenzung mitzuwirken.

(16) Zwei Faktoren der ökologischen Krise sind noch gesondert anzusprechen:

● Neben den Ansprüchen einer wachsenden Weltbevölkerung insgesamt ist das Zusammenwirken von Armut und Bevölkerungswachstum zu einem besonderen Faktor der Belastung für die natürliche Umwelt geworden. Das schnelle Bevölkerungswachstum hat neben kulturellen vielfach soziale Gründe. Wo eine soziale Absicherung durch den Staat fehlt, sind die Menschen im Alter, bei Krankheit und Arbeitslosigkeit auf eine große Zahl von Kindern und Familienangehörigen angewiesen. Bei einem ungebremsten Weiterwachsen der Weltbevölkerung kann die Menschheit die begrenzten Naturgüter der Erde nicht in einer ökologisch verträglichen Weise verteilen. Die Armut in den südlichen Ländern der Erde wird über ihre mittelbaren Auswirkungen auf die Umwelt zu einer Gefahr für die Menschen in den reichen Ländern; es liegt darum schon im Selbstinteresse der Menschen in den reichen Ländern, mehr als bisher für die Überwindung der Armut in den Entwicklungsländern zu tun.

● Die Ökonomie wird heute und in Zukunft sehr stark durch die wissenschaftlich-technische Entwicklung geprägt. Hochentwickelte Industrieländer verdanken ihren hohen Lebensstandard je länger desto mehr ihrer technologischen Leistungsfähigkeit. Die Anteile für Forschung und Entwicklung am Sozialprodukt dieser Länder steigen im Trend sichtbar an. Zwar ist das durch neue Entdeckungen und durch Produkt- und Verfahrensinnovationen ermöglichte Wirtschaftswachstum nicht allein quantitativer, sondern auch qualitativer Art. Aber ebenso unverkennbar sind die Risiken für die Menschen und für den Lebensraum der Erde insgesamt, die mit der Entwicklung und der Anwendung der neuen Großtechniken verbunden sind. Dies hat sich bei der Atomtechnik und den Informations- und Kommunikationstechniken gezeigt und gilt ebenso für die Bio- und Gentechnik. Die heute bereits zu verzeichnenden ökologischen Schäden technisch-industrieller Entwicklungen lassen erwarten, daß zur Schadensbegrenzung technische Innovationen allein nicht genügen werden. So läßt sich die Zahl der Kraftfahrzeuge – und seien sie technisch noch so perfekt – nicht fortlaufend vermehren. Die Grenzen ungeregelten quantitativen Wachstums sind heute schon erreicht, ja überschritten.

2. Wirtschaft und soziale Gerechtigkeit im internationalen Maßstab

(17) Die Forderung sozialer Gerechtigkeit bedeutet für alle reichen Industrieländer angesichts der tiefen Kluft zwischen den reichen und den armen Völkern der Erde eine dramatische Herausforderung. Wesentliche Kursänderungen sind notwendig. Wie können die Verhältnisse struktureller Ungerechtigkeit zugunsten der Armen verändert werden?

(18) Im Jahr 1985 lebten rund 1.100 Millionen Menschen unterhalb der mit 370 US $ Jahreseinkommen schon sehr tief gezogenen »Armutsgrenze«. Etwa 630 Millionen Menschen gelten als extrem arm: Sie verfügen jeweils pro Jahr über weniger als 275 US $. Besonders weit verbreitet ist wirtschaftliche Armut in Indien (55 Prozent der dort lebenden Bevölkerung), in den Sahara-Ländern (47 Prozent), im Mittleren Osten und in den nordafrikanischen Staaten (31 Prozent). Etwa ein Drittel der gesamten Bevölkerung der Entwicklungsländer lebt unterhalb der genannten Armutsgrenze. Dies bedeutet nicht nur mangelhafte Ernährung und Hunger, sondern ebenso mangelhaften Gesundheitszustand und weitverbreitete Arbeitslosigkeit.

In jüngster Zeit treten solche Probleme nicht allein in der Dritten Welt, sondern nicht minder in der Zweiten Welt auf, also in der Sowjetunion und den Ländern ihres ehemaligen Einflußbereichs. Viele Merkmale, die im folgenden für die Entwicklungsländer der Dritten Welt beschrieben werden, gelten in zunehmendem Maße auch für Länder wie Rumänien, Polen und die Sowjetunion selbst. Im Blick auf die Dritte Welt sind im übrigen Präzisierungen erforderlich: Eine homogene Dritte Welt existiert heute nicht mehr. Teilindustrialisierte Schwellenländer wie Singapur, Taiwan oder Südkorea haben Pro-Kopf-Einkommen, die weit über denjenigen einiger EG-Mitglieder wie Portugal und Griechenland oder erst recht ost(mittel)europäischer Länder wie Polen liegen. Das Pro-Kopf-Einkommen Singapurs ist mit 9.100 US $ etwa doppelt so hoch wie dasjenige von Griechenland mit 4.790 US $ und fünfmal so hoch wie das von Polen mit 1.850 US $ (alle Zahlen für 1988). Am anderen Ende des Spektrums der

Dritten Welt stehen die Armutsländer insbesondere in Schwarzafrika mit Pro-Kopf-Einkommen, die heute zum Teil niedriger liegen als 1960 nach Erringung der politischen Unabhängigkeit (z. B. Zaire: 170 US $ oder Tschad: 160 US $).

(19) Vor allem aufgrund der hohen Verschuldung übersteigt trotz umfangreichen Wirtschaftsverkehrs und trotz vielfältiger staatlicher und privater wirtschaftlicher Unterstützung vonseiten der Industrieländer seit Jahren der Kapitalabfluß aus den Entwicklungsländern den Kapitalzufluß, und die wirtschaftliche Verelendung der meisten Länder der Dritten Welt nimmt noch zu. Die reichen Länder werden immer reicher, die armen immer ärmer. Diese Entwicklung hat vielfältige, auch historisch bedingte Ursachen. Externe und interne Faktoren wirken zusammen und dürfen in der Analyse nicht gegeneinander ausgespielt werden.

(20) Zu den externen Faktoren zählt zunächst die Situation bei den »terms of trade« (d.i. dem Verhältnis von Ausfuhr- zu Einfuhrpreisen). Im Vergleich mit dem Handel unter den Industrieländern wird zwar nur ein relativ geringer Teil des Welthandels zwischen den Industrieländern und den Ländern der Dritten Welt abgewickelt; auch gab es bei den Entwicklungsländern Überlegungen, sich vom Handel mit den Industrieländern teilweise abzukoppeln und den Süd-Süd-Handel zu verstärken; aber die meisten Länder der Dritten Welt sind in dem mittlerweile erreichten Stand ihres sozialen und wirtschaftlichen Systems auf den Nord-Süd-Handel angewiesen. Hier haben sie es mit einer überaus starken Position der Industrieländer als Anbieter wie als Nachfrager und bei landwirtschaftlichen Produkten zudem mit einer protektionistischen Politik zu tun. Viele Entwicklungsländer sind – oft zum Schaden ihres eigenen Landes und ohne Rücksicht auf Gebote der Umweltschonung – Rohstofflieferanten geblieben; sie sind bei einem Überangebot dieser Rohstoffe vom Preisverfall besonders stark betroffen. Die Entwicklung der »terms of trade« ist regional sehr unterschiedlich; bei den schwarzafrikanischen und überhaupt den ärmsten Entwicklungsländern ist jedenfalls im Verlauf der letzten 10–15 Jahre eine Verschlechterung eingetreten.

Die Investitionen der Industrieländer sind, vor allem in Schwarzafrika, rückläufig. Netto-Investitionen werden oft gar nicht mehr getätigt. Ein Teil der von den Industrieländern eingesetzten Mittel fließt ohnehin im Rahmen der Beschaffung von Ausstattungen in diese zurück.

Hohe Auslandsschulden stellen für eine Reihe von – vor allem lateinamerikanischen und afrikanischen – Entwicklungsländern eine enorme Belastung dar und haben ihre Entwicklungskrise weiter verschärft. Die Schuldenkrise hat vielfältige und in den einzelnen Regionen und Ländern unterschiedliche Ursachen. Sie ist auch ein Ausdruck struktureller Ungerechtigkeiten, die auf internationaler – und der jeweiligen nationalen – Ebene bestehen. Die gesamten Auslandsschulden der Entwicklungsländer betragen gegenwärtig deutlich über 1.200 Mrd. US $. Fast die Hälfte davon entfallen auf 17 hochverschuldete Länder. Nicht wenige von ihnen wenden inzwischen nahezu die Hälfte ihrer laufenden Exporteinnahmen auf, um fällige Zins- und Tilgungszahlungen aufbringen zu können. Daß den Volkswirtschaften der Schuldnerländer in solch erheblichem Maße finanzielle Ressourcen entzogen werden, die nicht der Förderung des eigenen Wirtschaftswachstums zugute kommen, sondern den Gläubigern im Ausland zufließen, hat aus der Verschuldung dieser Länder eine internationale Krise werden lassen. Nach zahlreichen Brotrevolten und unter dem Eindruck, daß unpopuläre Maßnahmen im Rahmen der Auflagenpolitik allenfalls von Diktaturen, kaum aber von Demokratien innenpolitisch durchsetzbar sind, bemüht sich inzwischen der Internationale Währungsfonds (IWF) in Zusammenarbeit mit der Weltbank um eine entwicklungskonformere Strategie der Anpassung.

(21) Auch interne Faktoren tragen zu der krisenhaften Entwicklung in den Ländern der Dritten Welt bei:

● Die Länder und Völker der Dritten Welt haben ihre eigenen Traditionen und damit auch ein eigenes soziales, wirtschaftliches, kulturelles und religiöses Gepräge. Eine Wirtschaftsgesinnung, die im Verlauf von Jahrhunderten auf dem Boden der abendländischen Kultur, insbesondere von Aufklärung, Rationalität und Individualität, gewachsen ist, läßt sich, wie die Erfahrung zeigt, nicht ohne weiteres in einen anderen Kontext übertragen. Sie wirkt dort, wenn keine wesentlichen Modifikationen vorgenommen werden und die Anpassungszeit zu kurz bemessen ist, in vieler Hinsicht zerstörerisch.

● Die Lebensvollzüge sind häufig durch enge Solidargemeinschaften kleiner Stammesgruppen oder hierarchisch voneinander abgegrenzte Standesschichten bestimmt. Großräumiges Wirtschaften wird dadurch erschwert. Innerstaatliche und zwischenstaatliche Konflikte schaffen labile Verhältnisse und vernichten ökonomische Ressourcen, statt sie aufzubauen – allein schon dadurch, daß enorme finanzielle Mittel in den militärischen Apparat fließen.
● Die Infrastruktur (staatliche Verwaltung, Verkehrswege, Bildungssystem u. a.) ist in vielen dieser Länder mangelhaft.
● In großem Umfang findet Kapitalflucht statt.
● Oft teilt eine kleine reiche Oberschicht die Macht praktisch unter sich auf. Sie genießt Privilegien im Blick auf Einkommen und Großgrundbesitz und entzieht sich ihrer Solidarverpflichtung bis dahin, daß sie von jeglicher Einkommensteuerzahlung freigestellt ist. Die Führungsschicht der Industrieländer läßt das Verhalten der Oberschicht in den Entwicklungsländern häufig unbeanstandet – ja unterstützt es noch, indem sie diese Oberschicht einseitig als Gesprächs- und Handelspartner bevorzugt –, obwohl sie aus ihrem eigenen demokratischen und sozialen Verständnis heraus vergleichbare Zustände zu Hause niemals akzeptieren würde.
● Der größte Teil der Bevölkerung verbleibt demgegenüber in bitterem Elend. Die Höhe der Grundlöhne ist nicht ausreichend. Dies trägt zu der geringen Kaufkraft in diesen Ländern und zu einer Aushöhlung der Arbeitsmoral bei.
● Das Bevölkerungswachstum verläuft vielfach stürmisch. An den wichtigsten Voraussetzungen zur Begrenzung dieses Wachstums, nämlich einem Minimum an sozialer Sicherung gegenüber den Risiken von Krankheit, Arbeitslosigkeit und Alter und der Förderung der Ausbildungsmöglichkeiten für Frauen, fehlt es jedoch.

(22) Das wirtschaftliche Ungleichgewicht auf der Welt bewirkt Wanderungsströme von Menschen aus dem Süden in den Norden und in Europa und Asien von Ost nach West. Zum Teil sind die Zuwanderer als Arbeitskräfte willkommen, weil sie bereit sind, auch unbeliebte und unangenehme Aufgaben im Arbeitsleben zu erfüllen, und weil sie bei der rückläufigen Zahl der Bevölkerung im erwerbsfähigen Alter besonders in Europa Lücken auf dem Arbeitsmarkt und in der

Generationenfolge füllen. Aber sie werden überwiegend nur als nützliche Arbeitskräfte, nicht aber mit ihren Familien als gleichberechtigter Teil der Wohnbevölkerung angesehen und geachtet.

Die Wanderungsbewegungen haben ihren Ursprung auch in politischer, religiöser und ethnischer Verfolgung. Der Hohe Flüchtlingskommissar der Vereinten Nationen rechnet mit mindestens 50 Millionen Flüchtlingen auf der Welt. Nur einem Teil kann Asyl gewährt oder der Flüchtlingsstatus nach der Genfer Flüchtlingskonvention zugesprochen werden. Doch auch die übrigen sind Flüchtlinge mit einer zum Teil bitteren Lebensgeschichte. Nicht selten nutzen Geschäftemacher ihre Notsituation aus, um sie zur Ausreise nach Europa zu überreden. Mit der Öffnung des »Eisernen Vorhangs« zwischen Ost und West muß zugleich mit zunehmender Wanderung aus den ehemaligen sozialistischen Ländern gerechnet werden, und zwar weit über den Kreis der deutschen »Aussiedler« hinaus.

Diese Wanderungsbewegungen treffen auf Länder, in denen bereits jetzt schon eine beträchtliche Zahl ausländischer und ethnischer Minderheiten lebt (Bundesrepublik Deutschland 6,7 Prozent, Frankreich 8 Prozent, Belgien 9 Prozent, Großbritannien mindestens 10 Prozent, Schweiz 15 Prozent). Angesichts von Arbeitslosigkeit, Wohnungsknappheit und kultureller Andersartigkeit wachsen die Spannungen zwischen einheimischer und zugewanderter Bevölkerung. Eine Antwort auf die Herausforderung ist national wie international nicht erkennbar. Es fehlt eine Konzeption zur Regelung der Zuwanderung ebenso wie zu einer konsequenten Integrationspolitik.

(23) Die Völker der Erde gehören zu *einer* Welt, und einem jeden steht ein gerechter Anteil an den Reichtümern der Erde, den natürlichen ebenso wie den von den Menschen geschaffenen, zu. Freilich wächst zugleich die Einsicht, daß die Erde, ökologisch betrachtet, eine Ausdehnung der Lebensverhältnisse in den Industrieländern auf die ganze Welt überhaupt nicht zu tragen vermag: Im globalen Maßstab sind weder der Energie- und Ressourcenverbrauch noch der Schadstoffausstoß in den Industrieländern schöpfungsverträglich. Um so dringlicher stellt sich angesichts der Ungleichheit der gegenwärtigen Lebensverhältnisse die Frage der sozialen Gerechtigkeit.

3. Wirtschaft und soziale Gerechtigkeit im nationalen Maßstab

(24) Wie im internationalen Maßstab so führt auch im Blick auf die Bundesrepublik Deutschland die Forderung sozialer Gerechtigkeit zu dringlichen Anfragen an die gegenwärtigen wirtschaftlichen Verhältnisse. Wie können die fortbestehenden und neu eingetretenen sozialen Disparitäten überwunden werden?

(25) Mit der deutschen Einheit ist in der Bundesrepublik Deutschland die *Überwindung der krassen Disparitäten zwischen West und Ost* zur überragenden sozialen Herausforderung geworden. Durch die rasche Verwirklichung der Wirtschafts-, Währungs- und Sozialunion zum 1. Juli 1990 wurde die ostdeutsche Wirtschaft über Nacht der Weltmarktkonkurrenz ausgesetzt. Betriebe, die eben noch auf staatliche Produktionsanordnungen warteten, mit veralteten Maschinen arbeiten mußten und den Anschluß an den technologischen Stand in den westlichen Industrieländern verloren hatten, stehen vor der Anforderung, marktgängige Güter nach den Präferenzen der Käufer zu erzeugen und ihre Arbeitsproduktivität auf einen wesentlich höheren Stand zu bringen. Traditionelle osteuropäische Märkte gingen aufgrund der neuen wirtschaftlichen Rahmenbedingungen und der damit veränderten Kostenstruktur verloren. Innerhalb kurzer Zeit sank die Industrieproduktion um die Hälfte, die Zahl der Arbeitslosen und Kurzarbeiter schnellte in die Höhe. Die Strategie der Privatisierung, für die die Rahmenbedingungen in einigen Hinsichten (z. B. Eigentumsfragen, Infrastruktur) ungünstig sind, wird erst langsam durch Sanierungskonzepte und durch die Gewährung von Anpassungszeiten ergänzt. Die Krise birgt erheblichen sozialen Sprengstoff. Viele Menschen ohne Arbeitsplatz und ohne Perspektive für ihren weiteren Berufsweg befürchten, daß alle früheren westlichen Bekundungen der Solidarität mit dem Osten Deutschlands nur Lippenbekenntnisse waren, die neuen Bundesländer auf lange Zeit nur als Absatzmarkt interessant sind und so die überwundene politische Teilung Deutschlands nun auf der wirtschaftlichen Ebene ihre Fortsetzung findet.

(26) Seit rund 15 Jahren ist die Zahl der als arbeitslos registrierten Menschen in der alten Bundesrepublik Deutschland sehr hoch. Vorübergehende *Arbeitslosigkeit* – häufig verbunden mit einem Wechsel des Arbeitsplatzes – ist für die Betroffenen dank des sozialen Netzes in der Regel erträglich. Zu einer schweren Belastung sind hingegen in den letzten Jahren die Folgen der strukturellen Arbeitslosigkeit geworden. Der generelle Rationalisierungsdruck und der dadurch bedingte Fortfall einfacher Tätigkeiten in allen Bereichen der Wirtschaft sowie ein wachsendes Anspruchsniveau im Zuge der fortschreitenden technologischen Entwicklung führen zu Entlassungen und Ausgrenzungen. Ein besonderes Problem stellt die anhaltend hohe Zahl langzeitarbeitsloser Menschen dar, insbesondere solcher, die schlecht oder wenig ausgebildet sind und mit Einschränkungen unterschiedlicher Art zu tun haben. Die Zahl der Beschäftigten ist zwar insgesamt weiter angestiegen und erreichte im Gebiet der alten Bundesrepublik Deutschland im Sommer 1991 einen Stand von etwa 29 Millionen, so daß Hunderttausende von Aus- und Übersiedlern in einem erstaunlichen Umfang vom Arbeitsmarkt aufgenommen werden konnten. Aber in der zweiten Hälfte der 80er Jahre verharrte die statistisch erfaßte Arbeitslosigkeit auf dem hohen Stand von 2 bis 2,5 Millionen, und zum 31.8.1991 sind immer noch 1,67 Millionen Menschen arbeitslos, davon weit über 500.000 seit mehreren Jahren. Die in der ehemaligen DDR seit 1990 dramatisch steigende Zahl von Arbeitslosen (Stand zum 31.8.1991: 1,06 Millionen) und Kurzarbeitern (Stand zum 31.8.1991: 1,45 Millionen) bringt eine Verschärfung der Situation mit sich, wie sie in Deutschland seit Jahrzehnten nicht mehr bestanden hat. Für die Menschen in der ehemaligen DDR ist es eine völlig neuartige, schockierende Erfahrung, daß die Gesellschaft in Arbeitsplatzbesitzer und Arbeitslose zerfällt und der Wunsch, einer Erwerbsarbeit nachzugehen, jedenfalls auf längere Zeit unbefriedigt bleibt. Je länger die Arbeitslosigkeit andauert, desto gravierender sind die Folgen für die Betroffenen und ihre Familien. Insbesondere Langzeitarbeitslosigkeit führt zu schweren finanziellen und persönlichen Belastungen. In vielen Fällen beschädigt und verletzt sie die Persönlichkeit tiefgreifend. Rasch wird sie zu einem Vermittlungshemmnis. Auch bei florierender Wirtschaftslage können Langzeitarbeitslose heute nur schwer vermittelt werden.

(27) Die Gegensätze zwischen arm und reich sind in der Bundesrepublik Deutschland, verglichen mit den Zuständen in früheren
Jahrhunderten und mit den krassen Differenzen in anderen Welt-
regionen, deutlich gemildert. Dennoch bleiben erhebliche *Einkom-
mensdisparitäten* bestehen. Die Gruppe der Spitzenverdiener hat sich
in der Nachkriegszeit mit der Höhe ihres Einkommens immer weiter
vom Durchschnitt entfernt. Entsprechend klafft die Vermögensver-
teilung auseinander. Die Spitzenverdiener konnten ungefähr so viel
Vermögen ansammeln wie alle statistisch erfaßten 26 Millionen Nor-
malhaushalte zusammen. Konsequenzen für eine bessere Vermö-
gensbildungspolitik sind bisher ausgeblieben. Am unteren Ende der
Einkommensskala entstehen in wachsendem Umfang Lebensbedingungen, die unter dem Begriff der »neuen Armut« zusammengefaßt
worden sind. Seit 1963 hat sich die Zahl der Sozialhilfeempfänger
verdoppelt. Darunter befinden sich viele ältere Frauen, zunehmend
auch Minderjährige, Berufsanfänger und Alleinerziehende. Arbeitslosigkeit ist zur Hauptursache der Inanspruchnahme von Sozialhilfe
geworden. Derzeit ist die Arbeitseinkommensquote, definiert als gesamtwirtschaftliches Arbeitseinkommen in vH des Volkseinkom-
mens, auf rund 75 vH gefallen. Sie hat damit ihren niedrigsten Wert
seit drei Jahrzehnten erreicht. In den 60er und 70er Jahren hat sie
stets über 80 vH gelegen. Es ist deshalb verständlich, daß die Frage
nach der Verteilungsgerechtigkeit dringlich gestellt wird.

Obwohl in den letzten 40 Jahren die Erwerbsbeteiligung von
Frauen deutlich zugenommen hat, sind sie in der Arbeitswelt immer
noch benachteiligt. Nach wie vor konzentriert sich Frauenerwerbstä-
tigkeit auf wenige Berufssparten. Im Blick auf Ausbildungsabschlüsse
haben die berufstätigen Frauen mit den Männern nahezu gleichgezo-
gen, doch befinden sie sich meistens auf untergeordneten betrieblichen Positionen. Verminderte Einstufungs- und Beförderungschan-
cen, verbunden mit geringeren übertariflichen Zahlungen, sind
sowohl im privaten Sektor wie im öffentlichen Dienst immer noch
vorherrschend. Die Einkommen der Frauen liegen im Schnitt um ein
Drittel niedriger als die der Männer. Auf fast allen Qualifikationsebe-
nen sind Frauen stärker von Arbeitslosigkeit betroffen. In unge-
schützten Beschäftigungsverhältnissen befinden sich mehrheitlich
Frauen. Solange die Chancen der Lebensentfaltung in hohem Maße

an die eigene Erwerbstätigkeit gebunden sind, bleibt sie für Frauen der wirksamste Hebel zu ökonomischer Selbständigkeit und sozialer Sicherung.

Ein *Familienlastenausgleich* findet in immer noch unbefriedigendem Maße statt. Wer sich für familiäre und häusliche Arbeit entscheidet, muß im Vergleich mit Erwerbstätigen deutliche materielle Nachteile hinnehmen. Das Rentensystem stellt die Alterssicherung dem Grunde und der Höhe nach weitgehend auf die vorhergehende Erwerbstätigkeit und die dabei zu leistenden Versicherungsbeiträge ab.

Während das allgemeine Krankheits- und Altersrisiko durch die volle Erstattung von Krankheitskosten und das im Verhältnis zum vorangegangenen Nettoarbeitseinkommen relativ hohe Rentenniveau gut abgesichert ist, besteht ein wesentlich schlechterer Schutz gegenüber den *Risiken von Pflegebedürftigkeit und Behinderung*, insbesondere dort, wo Familien sie in Eigenverantwortung zu tragen versuchen.

4. Wirtschaft und Demokratie

(28) **Eine demokratisch verfaßte Gesellschaft muß auch dafür Sorge tragen, daß sich die wirtschaftliche Ordnung in die Demokratie einfügt. Ist die gegenwärtige Art des Wirtschaftens demokratieverträglich?**

(29) Für die Beurteilung der bestehenden wirtschaftlichen Ordnung hat nicht nur die Frage Bedeutung, wie sie sich angesichts der säkularen Herausforderungen der ökologischen Krise und der Entwicklungskrise der Dritten (und der Zweiten) Welt und beim Abbau der inneren sozialen Disparitäten bewähren wird. In einer demokratisch verfaßten Gesellschaft muß es immer auch um das Verhältnis von wirtschaftlichem und demokratischem System gehen. Zwar werden die dogmatischen Behauptungen von der prinzipiellen Unvereinbarkeit von Demokratie und Marktwirtschaft, wie sie für die marxisti-

sche Denktradition charakteristisch sind, nicht mehr aufrechterhalten. Aber es gibt spezifischere und differenziertere Fragen, die sich nicht erledigt haben.

Es ist angesichts fortschreitender Konzentration, die zur Bildung immer gewaltigerer Konzerne führt, vor allem die Macht der großen Unternehmen, die vielfach als Herausforderung, wenn nicht gar als Bedrohung der Demokratie empfunden wird. Beherrschen sie nicht die Märkte, beeinflussen sie nicht die Politik auf eine Weise, die für eine Demokratie unerträglich ist? Ist ihre Macht mit dem pluralistischen Demokratieverständnis der westlichen Tradition vereinbar, das doch besagt, daß nicht allein *ein* gesellschaftliches Interesse die Politik dominieren soll? Wie verhält sich Wirtschaftsmacht zu dem demokratischen Prinzip, daß Macht, die im Raum des öffentlichen Lebens ausgeübt wird, nach bestimmten Regeln verantwortet und kontrolliert werden soll? Alle diese Fragen gewinnen besonderes Gewicht angesichts des rasch fortschreitenden Prozesses der Internationalisierung der großen Konzerne. Denn diese Internationalisierung bringt den Unternehmen einen Zuwachs von Größe und wirtschaftlicher Potenz, bedeutet zugleich aber auch, daß es für die Staaten immer schwieriger wird, mit dem Instrument des nationalen Rechts wirksame Kontrollen über sie auszuüben. Auch können sich Konzerne durch die Verlagerung des Produktionsstandorts den deutschen Mitbestimmungsregelungen entziehen. Das EG-Recht aber bleibt bislang hinter diesen Regelungen zurück.

(30) Für die Demokratie sind geordnete Verfahren der Partizipation kennzeichnend. Dann erstreckt sich die Frage, ob und wie sich eine bestimmte Art des Wirtschaftens in die Demokratie einfügt, auch auf die Ausübung innerbetrieblicher Macht. Reichen die in der Bundesrepublik Deutschland bereits bestehenden Regelungen zu Mitwirkung und Mitbestimmung aus, oder sind Ergänzungen und Erweiterungen erforderlich?

5. Wirtschaft im vereinten Deutschland

(31) **Zu den besonderen Erfahrungen des deutschen Volkes gehört es, daß sich parlamentarische Demokratie, Rechtsstaatlichkeit und eine sozial verantwortete Marktwirtschaft nach 1945 als Wege aus dem Zusammenbruch bewährt haben. Sie müssen sich jetzt angesichts der Herausforderungen, die sich in der Folge der neu gewonnenen staatlichen Einheit Deutschlands stellen, erneut bewähren. Welche Voraussetzungen sind dafür zu schaffen, und welche Aufgaben müssen Vorrang haben?**

(32) Durch den Prozeß der deutschen Vereinigung wird es notwendig, aus zwei Gebieten mit noch sehr unterschiedlichen wirtschaftlichen Verhältnissen, unterschiedlicher politischer Kultur und unterschiedlichem Stand der Umweltbelastung ein einheitliches Gebiet zu schaffen. Große Erwartungen an die Einführung der Marktwirtschaft in den neuen Bundesländern sind zunächst nicht in Erfüllung gegangen. Vielmehr haben Zusammenbruch und Demontage der alten Strukturen zu enormen Härten geführt (s. schon oben Ziffer 25–26 und ferner Anhang A unten S. 141 ff).

Die Ausgangslage bei der deutschen Vereinigung 1990/91 ist eine völlig andere als bei der Währungsreform in der entstehenden Bundesrepublik Deutschland 1948. Große Teile der Bevölkerung in der DDR lebten – wenn auch auf niedrigerem Niveau als die Bevölkerung in der alten Bundesrepublik Deutschland – in relativer Existenzsicherheit. Das Recht auf Arbeit war verwirklicht in dem Sinne, daß jeder ein Einkommen hatte und dafür auch einige Arbeit zugewiesen bekam. Die kostenlose medizinische Versorgung, die preiswerten Krippen- und Kindergartenplätze, billiges Wohnen, niedrige Tarife für Verkehrs- und Energieleistungen – alle diese Elemente »sozialistischer Errungenschaften« konnten, obwohl ihre Problematik bekannt war, gegen die Mängel des Systems aufgerechnet werden. Nachdem die Fragwürdigkeit der Einheit von Wirtschafts- und Sozialpolitik offenkundig geworden ist, wird nun der Beweis dafür eingefordert, daß die Soziale Marktwirtschaft sich von dem in der DDR wie in allen

Staaten des »real existierenden Sozialismus« gepflegten Schreckens-
bild des Kapitalismus erkennbar unterscheidet.

Die wirtschaftliche Entwicklung in den neuen Bundesländern erfordert ein hohes Maß an politischer Einflußnahme und staatlichen
Eingriffen, damit wettbewerbsfähige marktwirtschaftliche Strukturen unter sozial verantwortbaren Lebensbedingungen für alle entstehen können. Dieser historisch beispiellose Prozeß macht den engen
und unlösbaren Zusammenhang zwischen Wirtschaftsordnung, Demokratie und Rechtsstaatlichkeit offenkundig und zeigt die Bedeutung einer politischen Kultur, in der eine kritische Öffentlichkeit den
Auswüchsen ökonomischer Interessen und staatlicher Bürokratie
entgegentritt. Die Formel von der »Einführung der Marktwirtschaft«
in der ehemaligen DDR greift darum zu kurz. Sie hat die unzutref-
fende Erwartung erzeugt, als handle es sich dabei um einen einmali-
gen Akt. Tatsächlich geht es um den Beginn eines neuen Weges.

(33) Das wirtschaftliche, politische und kulturelle Zusammen-
wachsen der alten und neuen Bundesländer hat Bedeutung über
Deutschland hinaus. Denn der Umstellungsprozeß, wie er in Ostdeutschland erforderlich ist, vollzieht sich gleichzeitig in mehreren
anderen mittel- und osteuropäischen Staaten. Deutsche Politik kann
sich nicht damit begnügen, die Wohlstandsgrenze, die bisher an der
Elbe verlief, nun an Oder und Neiße zu verschieben.

Teil II:
Wirtschaftliches Handeln in der
Bundesrepublik Deutschland.
Strukturen, Leistungen, Probleme

(34) Teil I hat die Herausforderungen gekennzeichnet, denen sich wirtschaftliches Handeln und politische Verantwortung heute überall in der Welt und von sehr unterschiedlichen Voraussetzungen aus gegenübersehen. Wer beurteilen will, auf welche Weise und mit welchen Mitteln die damit gestellten Aufgaben in der Bundesrepublik Deutschland zu bewältigen sind, muß sich mit den wesentlichen Strukturen, Leistungen und Problemen auseinandersetzen, die das wirtschaftliche Handeln in unserem Land bestimmen. Im einzelnen werden in diesem II. Teil erörtert:

● das Konzept der Sozialen Marktwirtschaft und charakteristische Schwierigkeiten bei seiner Realisierung,
● das Verhältnis von Demokratie und wirtschaftlicher Macht sowie
● die Einbindung der deutschen Volkswirtschaft in die Weltwirtschaft.

1. Soziale Marktwirtschaft

(35) Der Begriff »Soziale Marktwirtschaft« benennt die maßgebliche Zielsetzung für die Wirtschaftsordnung der Bundesrepublik Deutschland. Entscheidende Weichenstellungen für die Verwirklichung dieses Konzepts sind in der Nachkriegszeit schon vor der staatlichen Neuordnung vorgenommen worden. Erfahrungen mit der kapitalistischen Wirtschaftsweise wie mit der staatlich gelenkten Kriegswirtschaft haben eine wesentliche Rolle bei der Neuordnung der Wirt-

schaftspolitik gespielt. Konzeptionelle Anstöße liberaler Professoren (wie Walter Eucken, Wilhelm Röpke, Alfred Müller-Armack, Ludwig Erhard), in denen die Alternative hie Laissez-faire-Kapitalismus dort Zentralverwaltungswirtschaft verworfen wurde, bereiteten einen Dritten Weg für die Neugestaltung der Wirtschaftsordnung vor. In den Umkreis dieser später wirksam gewordenen Impulse zur Umorientierung der Wirtschaft gehört auch der mit der Bekennenden Kirche verbundene »Freiburger Kreis«.

Der Begriff »Soziale Marktwirtschaft« hat für diesen Weg hohe Geltung erlangt, weil er die Zielsetzung benennt, Marktwirtschaft und verantwortliches Handeln der einzelnen Wirtschaftssubjekte mit den Aufgaben des sozialen und demokratischen Rechtsstaates zu verbinden. Soziale Marktwirtschaft ist kein starres Modell, sondern ein dynamischer Prozeß. Aus geschichtlichen Lernerfahrungen hervorgegangen ist sie auf marktwirtschaftliche Flexibilität und die Wahrnehmung neuer sozialer Verpflichtungen hin angelegt. Soziale Marktwirtschaft ist auch kein geschlossenes ideologisches System. Sie ist offen für die Beteiligung unterschiedlicher Orientierungen und vereinigt in sich Traditionselemente des europäischen Liberalismus, des europäischen Sozialismus und der ökumenischen christlich-sozialen Bewegung. Deswegen hat sich die Soziale Marktwirtschaft als ein Integrations- und Kompromißmodell für wirtschaftliches Handeln, politische Verantwortung und soziales Engagement bewährt.

(36) Zum Verständnis der Sozialen Marktwirtschaft ist es notwendig, vier Ebenen zu unterscheiden. Aus Darstellungsgründen werden dabei freilich Sachverhalte auseinandergenommen, die im praktischen wirtschaftlichen Handeln zusammengehören:

- die rein marktwirtschaftlichen Komponenten des wirtschaftlichen Lebens,
- die staatliche Rahmenordnung und die gesellschaftlichen Voraussetzungen, in die die marktwirtschaftlichen Prozesse eingefügt werden und an denen sich die Marktteilnehmer auszurichten haben,
- das staatliche Handeln im Wirtschaftsgeschehen, wo und wenn der Marktmechanismus versagt oder nicht wirksam ist, und

● die Verknüpfung des Sozialen mit dem Wirtschaftlichen, des sozialen Erfolgs mit dem wirtschaftlichen Erfolg.

Soziale Marktwirtschaft ist das Zusammenspiel aller vier Ebenen. Die rein marktwirtschaftlichen Komponenten allein genügen nicht. Aus sich heraus wäre die Marktwirtschaft weder ökologisch noch mit der Forderung sozialer Gerechtigkeit noch mit der demokratischen Ausübung und Kontrolle von Macht verträglich.

a) Die rein marktwirtschaftlichen Komponenten

(37) Marktwirtschaft ist im wesentlichen zu verstehen als ein *dezentraler Entscheidungsprozeß*: Wirtschaftliche Entscheidungen werden getroffen von Millionen von einzelnen Wirtschaftseinheiten – voran den zahllosen privaten Haushalten und den vielen Unternehmen. Dem Markt und der auf ihm wirkenden »unsichtbaren Hand« des Wettbewerbs wird die Koordination dieser vielfältigen Entscheidungen überlassen. Keine Zentrale entscheidet über die Produktion und die Verteilung von Gütern; dem Staat ist nicht auferlegt, mit sichtbarer Hand für die Koordination der Produktion zu sorgen.

(38) Die Entscheidung der Gesellschaft für das dezentrale Entscheidungssystem »Marktwirtschaft« beruht auf einem Werturteil. Auszugehen ist vom Grundproblem des Wirtschaftens: Haushalten ist immer dann erforderlich, wenn etwas knapp ist. Knapp in einer Volkswirtschaft sind vor allem gut ausgebildete Arbeitskräfte (s. unten Ziffer 53), physisches (Real-)Kapital, Grund und Boden samt den darin geborgenen Schätzen und saubere Umweltmedien. Diese knappen Ressourcen können in ganz unterschiedlicher Weise von den Menschen genutzt und in verschiedenen Wirtschaftszweigen zur Produktion ganz unterschiedlicher Güter eingesetzt werden. Deshalb muß die Gesellschaft festlegen, wer über den Ressourceneinsatz entscheiden soll. In der Fachsprache wird die Verteilung der Ressourcen auf bestimmte produktive Verwendungen als »Faktor-Allokation« bezeichnet. Die Marktwirtschaft beruht auf dem Werturteil, daß diese Entscheidung von den Betroffenen selbst gefällt werden soll und nicht vom Staat. Man anerkennt, daß die Betroffenen ihre Bedürf-

nisse, um deren Befriedigung es letztlich geht, am besten selbst kennen, daß sie selbstverantwortlich handeln können und daß sie weder eines Vormunds noch eines Vertreters bedürfen. Dies ist das Prinzip der *Konsumentensouveränität*: Der Konsument soll der Entscheidungsberechtigte sein, der Souverän über die knappen Ressourcen. Daraus ergibt sich allerdings zugleich: Die Höhe der Kaufkraft bestimmt das Maß, in dem die einzelnen Konsumenten ihre prinzipielle Entscheidungsberechtigung tatsächlich ausüben können. Wer wenig Kaufkraft hat, kann seine Bedürfnisse nur in begrenztem Maß befriedigen und ist an der Entscheidung über den Ressourceneinsatz auch nur in dem entsprechend geringeren Umfang beteiligt.

Dem Prinzip der Konsumentensouveränität entspricht auf der politischen Ebene das Werturteil, daß die Bürger (Wähler) als Souverän die politischen Grundentscheidungen zu treffen haben. Zwischen Demokratie und Marktwirtschaft besteht somit eine Korrespondenz. Doch müssen auch die Unterschiede gesehen werden: Jeder Wähler verfügt über eine Stimme; die Stimmen der einzelnen Marktteilnehmer haben je nach ihrer Kaufkraft ein sehr unterschiedliches Gewicht. Zudem kann die Stimmenungleichheit auf dem Markt im Ergebnis auch die Stimmengleichheit auf der politischen Ebene beeinträchtigen.

(39) Damit die Norm »Konsumentensouveränität« verwirklicht werden kann, bedarf es eines umfassenden Abstimmungsverfahrens. Als ein solches Abstimmungsverfahren kann der *Markt* gelten. Auf ihm geben die Konsumenten täglich ihre Stimme ab, indem sie ihre Kaufwünsche äußern und verwirklichen. Dabei kann eine (hinreichend große) Minderheit nicht von der Mehrheit überstimmt werden. Auch der Stimmabgabe kleinerer Käufergruppen wird bei der Produktion und dem dafür notwendigen Ressourceneinsatz Rechnung getragen. So kommt man – anders als häufig in der Politik – ohne Zwang aus; Interessengegensätze werden in der Regel geräuschlos ausgeglichen. Das Entscheidungsverfahren der Marktwirtschaft nutzt als Instrument den Vertrag (z. B. zwischen Käufer und Verkäufer), setzt also ein Sich-Einigen mit anderen voraus; es beruht auf dem Prinzip des Konsenses und entspricht insofern von seiner Idee her den Anforderungen an eine Friedensordnung.

Konsumenten beeinflussen allerdings mit ihren Käufen in der Regel nur die Produktion von Enderzeugnissen, nicht aber den Einsatz von gegenseitig austauschbaren Vorprodukten. Haushalte beispielsweise, die elektrischen Strom verbrauchen, jedoch dessen Erzeugung mit Hilfe von Atomenergie ablehnen, können ihre Stimme über die Faktorallokation auf dem Markt nicht wirksam zur Geltung bringen; sie bleiben auf den politischen Prozeß verwiesen, in dem über die der Energiewirtschaft zu setzenden Rahmenbedingungen zu entscheiden ist.

(40) Der Abstimmungsprozeß »Markt« führt nicht in jedem Fall zu einer effizienten, den Bedürfnissen der Konsumenten entsprechenden Faktorallokation. Das ist insbesondere dann nicht der Fall, wenn wirtschaftlich Handelnde über Machtstellungen verfügen. Dann können zum Beispiel Anbieter Preise fordern, die über die gesellschaftlich notwendigen Kosten hinausgehen, oder die Nachfrage kann Preise setzen, die die von ihnen abhängigen Anbieter ausbeuten. Einzel- und Kollektivmonopole (Kartelle) verfälschen die Preissignale und führen zu nicht leistungsabhängigen (Gewinn-)Einkommen. Die Funktionsfähigkeit jeder Ordnung muß nicht zuletzt daran gemessen werden, wieviel Gelegenheit sie zu gemeinwohlschädlichem Handeln bietet, insbesondere, in welchem Grade sie Menschen, namentlich solche in machtvoller Stellung, in Versuchung führt, ihre Macht auf Kosten des Gemeinwohls zum eigenen Vorteil zu mißbrauchen.

In der Marktwirtschaft dient der *Wettbewerb* als wirksames Entmachtungsinstrument. Er entmachtet, weil er Alternativen für die Käufer schafft und dadurch bewirkt, daß Chancen zur Benachteiligung anderer erst gar nicht entstehen oder jedenfalls verringert werden. Wo Konsumenten zwischen zahlreichen Anbietern auswählen können, sind die Anbieter zu normgerechtem Verhalten in der Regel wirksam angehalten. Wettbewerb ist somit ein zentrales Moment jeder Marktwirtschaft, und dies auch unter ethischen Gesichtspunkten. Wo er nicht funktioniert, können sich Machtstellungen entwickeln, die immer die Gefahr des Mißbrauchs in sich schließen (s. noch unten Ziffer 48).

Wettbewerb ist freilich nicht bloß hilfreich, er ist auch unbarmherzig. Häufig wird er mit großer Härte ausgetragen. Wenn ein Betrieb im Wettbewerb nicht mehr mithalten kann, verbindet sich dies für die betroffenen Menschen in der Regel mit Existenzfragen (s. noch unten

Ziffer 61). Darum wird Wettbewerb unter ethischen Gesichtspunkten vielfach nicht vorrangig als Entmachtungsinstrument und Bollwerk gegen die egoistische Ausbeutung der einen durch die anderen betrachtet, sondern als Aufforderung an die Menschen, ihren egoistischen Antrieben zu folgen. Er gilt unter diesen Voraussetzungen als ein bedenklicher Mechanismus. In der Tat kommt der Wettbewerb den Interessen derer entgegen, die Eigeninitiative beweisen, Risiken eingehen, überlegene Leistungen erbringen und ihren Erfolg (sei es in Form von Gewinnen oder in Marktanteilen) sicherzustellen oder zu vergrößern suchen. Er belohnt die Leistung des Tüchtigeren. Dieser Ansporn dient aber dem Gemeinwohl. Wenn ein Unternehmer, seinem Selbstinteresse folgend, möglichst hohe Gewinne machen will, muß er so sorgfältig wie möglich den Wünschen seiner Kunden dienlich sein; die Käufer ihrerseits müssen möglichst eigennützig auf Preise und Qualitäten achten, um die Anbieter unter Druck zu setzen. Von Adam Smith stammt der Satz: »Nicht vom Wohlwollen des Metzgers, Brauers und Bäckers erwarten wir das, was wir zum Essen brauchen, sondern davon, daß sie ihre eigenen Interessen wahrnehmen.« Hinzu kommt, daß im Konzept der Sozialen Marktwirtschaft – und schon bei Adam Smith – das Streben nach Eigennutz begrenzt wird durch das Motiv sozialer Anerkennung und eine entsprechende soziale Rücksichtnahme und Anpassungsbereitschaft. Das erwünschte Selbstinteresse ist der Eigennutz ehrbarer Kaufleute, der durch eine im Sozialisationsprozeß erworbene und so verinnerlichte moralische Selbstkontrolle geläutert ist. Unter diesen Voraussetzungen ist wirtschaftlicher Konkurrenzkampf keineswegs ein sozialdarwinistischer Dschungel, in dem sich der Brutalste durchsetzt, sondern ein System von »checks and balances«, nämlich ein System sozialer Kontrolle, in dem Konflikt und Kooperation, Selbsterhaltungsstreben und Mitgefühl mit dem anderen, Rivalität und Sympathie vereinbar sind.

(41) *Preise* übernehmen in einer Marktwirtschaft eine wichtige Lenkungsfunktion. Wenn Güter auf Grund verstärkter Präferenzen der Konsumenten oder wegen schlechter werdender Rohstoffversorgung knapper werden, soll das durch steigende Preise angezeigt werden; die weniger dringliche Nachfrage soll zurückgedrängt, und es soll zu gesteigerter Produktion angereizt werden. Knappe Ressourcen

sollen auf diese Weise in neue Verwendungen gelenkt werden. Das Preissystem ist in dieser Weise zu verstehen als ein Informations- und Koordinationssystem, an dem sich die am Markt Tätigen ständig orientieren. Keine zentrale Planbehörde kann ähnlich vollständige Informationen über Marktänderungen besitzen oder erwerben. Steigende Preise zeigen jedoch nicht in jedem Fall eine »natürliche« Verknappung von Ressourcen an; diese Verknappung kann vielmehr auch Ausdruck von Marktmacht und der Monopolisierung von Eigentumsrechten sein.

(42) Knappheitsbedingte Preissteigerungen gehen vielfach mit Gewinnerhöhungen einher. Die Funktion dieser *Gewinne* ist es, zu vermehrter Produktion in diesem Sektor anzureizen und so sicherzustellen, daß das Prinzip der Konsumentensouveränität verwirklicht wird. Es fällt nicht leicht, zu trennen zwischen Gewinnen, die unverdientermaßen auf Grund mißbräuchlicher Ausnutzung von Wirtschaftsmacht entstanden sind, und solchen Gewinnen, die eine wichtige Funktion erfüllen und einen Prozeß auslösen und in Gang halten, in dem sie wieder verschwinden. Marktwirtschaft ist als dynamischer Prozeß zu begreifen; Ausdruck dafür sind unter anderem die fortwährenden Produkt- und Verfahrens- oder Prozeßinnovationen. Auch die Suche nach neuen, qualitativ besseren und umweltverträglicheren Gütern und das Bemühen um neue, kostengünstigere und die Umwelt schonende Produktionsverfahren werden, sobald dafür eine Nachfrage vorhanden ist, maßgeblich durch die Aussicht auf Gewinn in Gang gesetzt. Wettbewerb ist ein Such- und Entdeckungsverfahren, das vom Gewinnmotiv gesteuert wird. Zentrale Planwirtschaften haben – wie sich gegenwärtig weltweit zeigt – besonders in dieser Hinsicht versagt. Gewinne erfüllen somit eine nicht zu unterschätzende Funktion. Solange der zur Zeit starke Innovationsschub anhält, bestehen dagegen auch keine nachhaltigen verteilungspolitischen Bedenken: Neue Güter und Produktionsverfahren zerstören regelmäßig die Gewinnbasis alter. Nicht selten führt der Innovationsprozeß allerdings auch zum Angebot fragwürdiger Produkte und zu unangemessen hohen und insofern funktionslosen Gewinnen. Hier ist die äußerste Aufmerksamkeit der Wettbewerbsaufsicht erforderlich.

(43) Die Planung und Einführung neuer Produkte und Produk-

tionsverfahren ist mit mannigfachen Risiken behaftet. Gewinnerzielung ist keinesfalls sichergestellt; mit *Verlusten* muß gerechnet werden. Wer Anspruch auf den Gewinn bei erfolgreichen Innovationen stellt, muß zur Hinnahme der Verluste bei Erfolglosigkeit bereit sein. Forderungen nach staatlicher Verlustabdeckung stoßen deshalb auf grundsätzliche Bedenken. Das Verlustrisiko bei Investitionen und Innovationen haben in einer Marktwirtschaft Kapitaleigner und Unternehmer zu tragen; unfreiwillig tragen es im Falle von Konsequenzen für die Arbeitsplätze die Arbeitnehmer mit, wenngleich Sozialpläne eine Abmilderung schaffen und häufig ein Wechsel auf andere Arbeitsplätze möglich ist. Dieser Sanktionsmechanismus ist wesentlicher Bestandteil der Marktwirtschaft und darf nicht ohne Not außer Kraft gesetzt werden. Die damit erzielte Risikoübernahme steht mit einer grundsätzlichen Voraussetzung in Verbindung, an die jede störungsfreie Volkswirtschaft gebunden ist, nämlich mit der Übereinstimmung von Verantwortlichkeit, Interesse, Betroffensein und Entscheidungskompetenz. In einem dezentralen Entscheidungssystem werden die Investitions- und Produktionsentscheidungen bei den Unternehmen belassen. Sie haben erfahrungsgemäß wegen ihrer Fachkenntnisse und ihrer Marktnähe die größte Kompetenz. Sie sollten dann aber auch für ihre Entscheidungen die Verantwortung zu tragen haben, bei Mißerfolg sollte der Verlust sie selbst treffen. Dadurch haben sie ein Interesse an erfolgversprechenden Entscheidungen.

(44) Das Risiko bei den letztlich Entscheidungsberechtigten (persönlich haftenden Unternehmern, Kapitaleignern im Aufsichtsrat etc.) anzusiedeln und sie für Fehlentscheidungen verantwortlich zu machen setzt voraus, daß sie im Falle eines Verlustes dafür eintreten können. Dies ist einer von mehreren Gründen dafür, *privates Eigentum an den Produktionsmitteln* zuzulassen. Drohender Verlust ist in der Regel ein verläßlicher Garant dafür, das Eigentum – funktionierender Wettbewerb vorausgesetzt – effizient einzusetzen. Ein effizienter Einsatz knapper Ressourcen liegt zudem im Interesse aller Menschen und eröffnet ihnen bessere Chancen auf ein materiell abgesichertes, vergleichsweise selbständiges Leben. Wenn dagegen die Produktionsmittel Staatsvermögen darstellen und die in staatlichen Gremien entscheidenden Personen weder mit materiellen Sanktionen noch mit politischen Konsequenzen zu rechnen haben und zudem

durch ihre Entscheidungen nicht direkt betroffen sind, ist mit einer wirtschaftlich effizienten Eigentumsnutzung schwerlich zu rechnen.

Allerdings gibt es Fälle, in denen mit guten Gründen von diesen Grundsätzen abgewichen wird. Am Betrieb bestimmter Anlagen und Versorgungseinrichtungen (Eisenbahn, Öffentlicher Nahverkehr, Post, Müllentsorgung, Krankenhäuser, Rundfunk u. a.) besteht ein ausgeprägtes öffentliches Interesse, ohne daß in diesen Bereichen aus politischen, ökonomischen oder technischen Gründen Wettbewerb uneingeschränkt realisierbar wäre und »natürliche« Monopole vermieden werden könnten (s. noch unten Ziffer 56).

Privates Eigentum an den Produktionsmitteln ermöglicht Gewaltenteilung zwischen Staat und Wirtschaft. Wie die politische Macht zwischen Legislative, Exekutive und Judikative geteilt ist, um dem Bürger Freiräume für eigenverantwortliches Leben zu schaffen und ihn vor ungebührlichem Zugriff des Staates zu schützen, so soll privates Eigentum die Entstehung von Machtfülle auf der Seite des Staates verhindern. Wo der Staat nicht nur die gesetzliche Rahmenordnung für die Wirtschaft schafft, sondern auch noch die Betriebe im Eigentum hat, ist gegen seinen Machtanspruch nicht anzukommen. Die Bürger sind ihm in diesem Fall, wie die Erfahrung der ehemaligen DDR lehrt, mehr oder weniger ausgeliefert mit der Konsequenz, sich vielfach auch seinem ideologischen Anspruch nicht entziehen zu können.

(45) Zu den grundlegenden Einsichten und Erfahrungen der Sozialen Marktwirtschaft gehört es, daß ein menschengerechtes und zugleich sachgerechtes wirtschaftliches Handeln von den rein marktwirtschaftlichen Komponenten allein nicht gewährleistet werden kann. Der Erfolg der Sozialen Marktwirtschaft beruht auf Voraussetzungen, die die ökonomischen Mechanismen des Marktes selbst nicht hervorzubringen vermögen. Dies wird in den folgenden Abschnitten auf den drei Ebenen näher entfaltet, die im Überblick (s. oben Ziffer 36) bereits neben der Ebene der rein marktwirtschaftlichen Komponenten aufgeführt wurden: Eine staatliche Rahmenordnung muß den Marktprozessen ein verläßliches Fundament schaffen, ihnen die Richtung weisen und auch Grenzen ziehen; die vom Staat zu schaffende Rahmenordnung wird noch umgriffen von gesellschaftlichen Voraussetzungen, wie sie sich in bestimmten Mentalitäten und sozia-

len Strukturen zeigen (Abschnitt b: Ziffer 46 ff.). Wo und wenn der Marktmechanismus nicht wirksam ist und versagt, sind staatliche Eingriffe zur Lenkung des wirtschaftlichen Geschehens unerläßlich (Abschnitt c: Ziffer 56 ff.). Dazu zählt in besonderem Maße die Sozialpolitik (Abschnitt d: Ziffer 60 ff.).

b) Staatliche Rahmenordnung und gesellschaftliche Voraussetzungen

(46) Jede Wirtschaft verlangt *Entscheidungsgrundlagen*, die im Maß des Möglichen stabil und sicher sind. So muß man sich auf ein bestimmtes Verhalten der am Wirtschaftsprozeß Beteiligten weitgehend verlassen können, besonders in einer stark arbeitsteiligen Volkswirtschaft. Ohne eine solche Verläßlichkeit der wechselseitigen Verhaltenserwartungen könnte die Wirtschaft nicht gut funktionieren. Diese Erkenntnis gilt besonders für den Vertrag, der ein wichtiges Instrument der Marktwirtschaft darstellt. Notwendig sind ein im Rahmen des gesetzlich und sittlich Erlaubten freies Vertragsrecht und staatliche Maßnahmen, die die Vertragserfüllung gewährleisten.

In diesen Zusammenhang gehört auch die sogenannte Makropolitik, also die staatliche Geld-, Währungs- und Finanzpolitik. Die Schaffung von Erwartungssicherheit verlangt unter anderem die gesetzliche vorrangige Verpflichtung einer unabhängigen Notenbank, Stabilität des Preisniveaus zu schaffen und zu erhalten. Inflationäre Tendenzen erschweren insbesondere langfristige Planungen und beeinträchtigen die Lenkungsfunktion der (relativen) Preise.

(47) Der Erfolg einer Volkswirtschaft hängt wesentlich von der Arbeitswilligkeit der Menschen, der Spareignung der Haushalte und der Investitions- und Innovationsbereitschaft der Unternehmen ab. Dabei handelt es sich nicht um naturgegebene Größen, vielmehr um beeinflußbare Verhaltensweisen. Menschen reagieren auf materielle und immaterielle *Anreize*. Deshalb ist es von nicht zu unterschätzender Bedeutung, daß der Staat ein jeweils den herrschenden Lebensbedingungen angepaßtes Anreizsystem schafft. Darin spielt das Steuersystem eine große Rolle; beispielsweise muß ein gewisses Gleichgewicht gewahrt werden zwischen dem Risiko, das mit Investitionen

und Innovationsaktivitäten verbunden ist, einerseits und den Gewinnaussichten (nach Versteuerung) andererseits. Auch reagieren Arbeitnehmer teilweise empfindlich auf eine allzu hohe Besteuerung von Einkommenszuwächsen. Hier das rechte Maß zu finden ist immer eine schwierige Aufgabe. Das gilt analog für andere Bereiche, so etwa für den Patentschutz. Patente verschaffen dem Erfinder eine Zeitlang die Möglichkeit, als Alleinanbieter bestimmter Produkte höhere Preise zu erzielen und auf diese Weise die oft hohen Kosten der Forschungs- und Entwicklungsaktivitäten abzudecken. Andererseits stellen Patente eine rechtlich geschützte Wettbewerbsbeschränkung dar, die dem Sinn einer Marktwirtschaft grundsätzlich nicht entspricht.

(48) Ohne funktionierenden Wettbewerb gibt es keine Marktwirtschaft. Nicht auf allen Märkten läßt sich Wettbewerb freilich in dem wünschenswerten Maß verwirklichen. Technologische Bedingungen bringen es vielfach mit sich, daß nur mit der Produktion hoher Stückzahlen die Preise für den Verbraucher niedrig gehalten werden können. Oder es bestehen hohe Markteintrittsbarrieren, z. B. bei forschungsintensiven Produkten mit hohen Vorlaufkosten. Dies kommt Großbetrieben von herausragender wirtschaftlicher Macht mehr entgegen als mittleren und kleinen Betrieben. Eine Vielzahl von Konkurrenten ist dann nicht zu erwarten. In dem Bemühen, hier einen Mißbrauch wirtschaftlicher Macht zu verhindern, kann der Staat nicht einfach an steigende Preise und hohe Gewinne anknüpfen und sie in sich als Anzeichen von Machtmißbrauch verstehen.

Eine Einschränkung des Wettbewerbs läßt sich jedoch weit über diese Sektoren hinaus beobachten. Der Konzentrationsprozeß hat in der Bundesrepublik Deutschland nach Feststellung der Monopolkommission bedenkliche Formen angenommen. In immer mehr Fällen kommt es zu einer Übernahme kleinerer Unternehmen und damit der Ausschaltung von Wettbewerbern. Durch eine stetige Investitions- und Innovationspolitik, mit der kleinere Unternehmen nicht mithalten können, werden die eigenen Marktanteile verteidigt und erweitert und die Produktionsvorteile auf Dauer aufrechterhalten. Die Machtstellung von Großbanken und Versicherungen wird vielfach als besorgniserregend angesehen. Die Übernahme monopolähnlicher Firmen in der ehemaligen DDR durch bundesdeutsche Marktführer ist auf große Bedenken gestoßen. Von einem grenzübergreifenden, straffen, überzeugenden Wettbewerbsrecht im europäischen Binnenmarkt kann noch keine Rede sein. So gehört es zu den dringenden Aufgaben auf der staatlichen und der überstaatlichen Ebene, durch die strikte Anwendung des Kartellrechts und entsprechende Maßnahmen *Wettbewerb* auch unter sich verändernden wirtschaftlichen Bedingungen *sicherzustellen* und die Entstehung wirtschaftlicher Macht, die die Gefahr des Mißbrauchs in sich schließt, nach Möglichkeit zu verhindern.

(49) Der Wettbewerb auf den Märkten muß den Vorstellungen von *Fairneß* entsprechen; entsprechende Spielregeln sind festzulegen. Dabei geht es um Regelungen, wie sie beispielsweise im Gesetz gegen unlauteren Wettbewerb, im Gesetz über die allgemeinen Geschäftsbedingungen und in der Verbraucherschutzgesetzgebung enthalten sind. Darüber hinaus muß man sich solch heiklen Fragen stellen wie der, ob ein Wettbewerb privater Unternehmen mit staatlich hoch subventionierten Firmen als »fair« angesehen werden kann. Diese Frage ist international von erheblicher Brisanz. Alle Staaten stützen in Phasen nachholender Entwicklung oder zur Stabilisierung ihrer industriellen Basis bestimmte Bereiche durch Subventionierung oder andere geeignete Maßnahmen oder übernehmen sie gar in öffentliche Trägerschaft. Eine solche Politik hat in der Vergangenheit eine Rolle gespielt und wird es auch in Zukunft, etwa beim Übergang von einer Zentralverwaltungswirtschaft zu einem marktwirtschaftlichen System, tun.

(50) In diesen Zusammenhang gehören auch staatliche Maßnahmen, um dem Prinzip der Konsumentensouveränität praktische Geltung zu verschaffen. Vielfach wird bestritten, daß der Konsument überhaupt in der Lage ist, souverän zu entscheiden. Insbesondere wird darauf verwiesen, daß der Konsument

● einseitig beeinflußt werde und sich diesem Einfluß schwerlich entziehen könne und daß er
● gar nicht über alle notwendigen Kenntnisse verfüge, um eine verantwortbare Entscheidung treffen zu können.

Diese Hinweise machen auf wichtige Probleme aufmerksam. Tatsächlich wird der Konsument von verschiedenen Seiten beeinflußt, ja gedrängt, seine Entscheidung so oder anders zu treffen. Von besonderer Bedeutung ist dabei die Werbung, die zum Teil massiv ist und suggestive Kraft entfaltet. Ihr zu widerstehen erweist sich vor allem dann als schwierig, wenn das Konsumverhalten von Nachbarn, Beziehern höherer Einkommen und ganzen sozialen Gruppen einen in die gleiche Richtung gehenden Demonstrationseffekt entfaltet. Werbung darf nicht falsch informieren und auf diese Weise die Konsumenten betrügen. Darüber hinaus kann es im Blick auf gesundheitsbeeinträchtigende Artikel oder solche, die mit den sittlichen Vorstellungen der Mehrheit der Bürger schwer verträglich sind, erforderlich sein, die Werbung (z. B. für alkoholische Getränke, Tabakwaren oder Waffen) einzuschränken oder zu verbieten und die Absatzwege (z. B. durch Apotheken- und Rezeptpflichtigkeit von Medikamenten) zu kontrollieren oder zu beschränken. In solchen Fällen findet eine Bewertung von Konsumentenbedürfnissen statt, die nicht am Prinzip der Konsumentensouveränität, sondern am öffentlichen Interesse orientiert ist.

Werbung lebt davon, mit psychologischer Raffinesse die Kaufentscheidung zu beeinflussen. Gewiß kann sie für mündige Konsumenten zum ästhetischen Genuß werden. Doch sind vonseiten des Staates und freier gemeinnütziger Träger Maßnahmen unerläßlich, um die Unsicherheit der Konsumenten zu vermindern und sie bei der Klärung ihrer Bedürfnisse gegenüber suggestiven Absatzstrategien der Anbieter zu unterstützen. Dies erfordert *allgemeine Bildungsmaßnahmen und spezielle Sachaufklärung* (z. B. mit Hilfe von Test-Zeitschriften). Ganz allgemein gilt es, die Voraussetzungen dafür ständig zu verbessern, daß »mündige Bürger« Marktwirtschaft und Demokratie bewahren können. Die dafür notwendigen staatlichen Vorkehrungen sind angesichts des Tempos, mit dem immer wieder neue Produkte am Markt eingeführt werden, ständig fortzuentwickeln.

(51) Häufig lassen sich Gefahren, die mit technologieintensiven oder innovativen Produkten verbunden sind, von den in Herstellung, Verteilung oder Verbrauch beteiligten Menschen nicht oder nicht voll erkennen. Auch können diese nicht immer schädlichen Auswirkungen ausweichen, die von der Herstellung einzelner Güter ausgehen

könnten. So hat der Staat für einen *Schutz vor Gefahren* Sorge zu tragen, damit keine Produktionsverfahren angewandt und keine Güter hergestellt oder angeboten werden, die für Menschen und Umwelt direkt oder indirekt unverhältnismäßig hohe Gefahren mit sich bringen. Verbraucherpolitische, gesundheitspolitische und umweltpolitische Regelungen sind neben der notwendigen Unterrichtung der Bevölkerung unverzichtbar und dem jeweiligen Stand des Wissens anzupassen. Der Produktion und dem Verbrauch sind nach eingehender Prüfung entsprechende Grenzen zu setzen oder Auflagen zu machen. Dabei erweist es sich als schwierig, die mit dem Innovationsprozeß verbundenen Gefahren zu begrenzen, ohne ihn zugleich über Gebühr zu verlangsamen. Die Diskussion um die Gentechnik ist ein instruktives Beispiel. Da das objektive Gefährdungspotential des Innovationsprozesses aber langfristig zugenommen hat und unser Wissen um die Gefahren gewachsen ist, werden langwierige Planungs- und Genehmigungsverfahren immer häufiger notwendig.

In diesen Zusammenhang gehören auch bestimmte Exportbeschränkungen. So dient die Kontrolle der Lieferung von Kriegsmaterial dazu, die Gefahr des Ausbrechens militärischer Konflikte möglichst zu verringern. Auf diesem Gebiet haben objektive Schwierigkeiten (wie der duale Gebrauch von Gütern und die im Waffengeschäft begegnende große kriminelle Energie), aber auch anhaltende Versäumnisse (wie die nachlässige Handhabung bestehender Vorschriften und das Ausbleiben verschärfter Regelungen sowohl auf der nationalen wie auf der EG-Ebene) zu bedenklichen Zuständen geführt. Die Verantwortung für die Bewahrung und Sicherung des Friedens rechtfertigt tiefe Einschnitte in die Produktion und den Handel mit Rüstungsgütern.

(52) Schließlich muß die staatliche Rahmenordnung bestimmen, wie die *Einfügung der Volkswirtschaft in die internationale Arbeitsteilung,* an der auch Länder mit anderen Wirtschaftssystemen beteiligt sind, dauerhaft gestaltet sein soll. Dabei geht es um schwierige neue Fragen wie die des Schutzes geistigen Eigentums oder der Niederlassungsfreiheit von Ausländern. Eine grundlegende Aufgabe ist die Abwehr protektionistischer Strömungen. Sie ist unerläßlich, wenn den Ländern der Dritten Welt eine ernsthafte Entwicklungschance eingeräumt werden soll (s. noch unten Abschnitt 3).

(53) *Menschliches Wissen und Können* sind entscheidende Faktoren im Wirtschaftsprozeß. Die Wirtschaftswissenschaft spricht hier vom »Humankapital« einer Volkswirtschaft. Darum läßt sich auch die Abwanderung von gut ausgebildeten und leistungsmotivierten Fachkräften (wie seit 1989 aus dem Osten Deutschlands) nur schwer verkraften. Die rasante wissenschaftlichtechnische Weiterentwicklung und die durch den internationalen Wettbewerb verursachte schnelle Verbreitung von Produkt- und Prozeßinnovationen in der Weltwirtschaft gefährden einen einmal erreichten hohen Lebensstandard, wenn das »Humankapital« nicht gemehrt und seine Nutzung nicht den veränderten Marktbedingungen angepaßt wird. Allen am Wirtschaftsprozeß Beteiligten wird so ein hohes Maß an Beweglichkeit abverlangt. Dazu gehört auch die Bereitschaft zu Weiterqualifikation und Berufswechsel. Ausbildung, Weiterbildung und Umschulung werden zwar weitgehend von der Öffentlichen Hand organisiert. Aber sie sind auf die Mitwirkung und die Initiative der übrigen am Wirtschaftsprozeß Beteiligten, nicht zuletzt der Erwerbstätigen selbst angewiesen. Bei der dualen Berufsausbildung, also der Verbindung von betrieblicher Lehre und Berufsschule, in Deutschland, die vielerorts in der Welt als beispielgebend anerkannt ist, wird dies etwa sichtbar. Auch auf die Bedeutung von Handwerksordnungen, Industrie- und Handelskammern u. ä. ist in diesem Zusammenhang zu verweisen.

(54) Gegensätzliche Interessen von Kapital und Arbeit und die dadurch hervorgerufenen Konflikte haben, insbesondere durch langandauernde Streiks, in der Vergangenheit (und in einigen benachbarten Volkswirtschaften bis in die Gegenwart) den Wirtschaftsprozeß immer wieder in starkem Maße beeinträchtigt. Für die wirtschaftliche Entwicklung der alten Bundesrepublik Deutschland war es hingegen kennzeichnend, daß ein *sozialer Friede* erreicht und bewahrt wurde, der zu den wesentlichen Voraussetzungen des wirtschaftlichen Erfolgs zu zählen ist. Dazu haben vor allem zwei Faktoren beigetragen:

● Die Arbeitgeber sind in Wirtschaftsverbänden und den entsprechenden Spitzenvereinigungen, die Arbeitnehmer vorwiegend in Einheits- und Industriegewerkschaften organisiert. Diese Organisationsform bringt in Verbindung mit der Tarifautonomie bereits intern eine Vielzahl unterschiedlicher Interessen zum Ausgleich und verhindert dadurch die Aufsplitterung sozialer Konflikte.

● Durch die staatliche Rahmenordnung wurden unter anderem Schutzbestimmungen für die Einrichtung der Arbeitsplätze, Vorschriften für den Kündigungsschutz sowie Regelungen für die Betriebsverfassung und die Unternehmensmitbestimmung geschaffen.

Auf dieser Grundlage entstanden die – bei fortbestehenden Interessengegensätzen in geduldigen Verhandlungen und durch geregelte Konflikte hindurch praktizierte – Tarifpartnerschaft zwischen Arbeitgebern und Arbeitnehmern und die verschiedenen Formen der innerbetrieblichen Kooperation zwischen Kapital und Arbeit. Sie haben nur Bestand, wenn auf beiden Seiten starke, aber auch zum Kompromiß bereite und fähige Partner stehen. Der soziale Frieden in der Bundesrepublik Deutschland verdankt sich dem verantwortungsbewußten, über alle Partikularinteressen doch am Gemeinwohl orientierten Verhalten sowohl von Unternehmensführungen und Arbeitgeberverbänden als auch von Betriebsräten und Gewerkschaften. Freilich darf man sich hier mit einmal Erreichtem nicht zufriedengeben. Die Belange der Arbeitslosen kommen in der Tarifpartnerschaft zwischen Arbeitgebern und Arbeitnehmern nicht oder nur sehr ungenügend zur Geltung. Auch können Kapital und Arbeit in einer globalisierten Wirtschaft ausländischer Konkurrenz nur gemeinsam standhalten. Vor allem aber stehen sie vor der Herausforderung, Partikularinteressen des eigenen Landes, der heute lebenden Generation wie überhaupt der Menschen in das umgreifende Gemeinwohl der einen Welt, der nachfolgenden Generationen und des gesamten Lebensraums der Erde einzuordnen.

(55) Zu den gesellschaftlichen Voraussetzungen wirtschaftlichen Handelns zählen nicht allein institutionell-strukturelle Gegebenheiten, sondern vor allem spezifische *Mentalitäten*: Für das »Humankapital« (s. oben Ziffer 53) einer Volkswirtschaft spielen subjektive Faktoren wie Fleiß, Zuverlässigkeit und Leistungsbereitschaft eine wichtige Rolle; der soziale Frieden hängt nicht zum wenigsten an der Solidarität unter den Arbeitnehmern, dem Bewußtsein sozialer Ver-

pflichtung bei den Unternehmern oder der Kompromißfähigkeit der Tarifpartner. Menschen, die über Generationen die Erfahrung gemacht haben, daß staatliche Bürokratien ihnen sagen, was sie zu tun und zu lassen haben, und die in die wirtschaftliche Obhut des Staates gestellt worden sind, sind zu Eigeninitiative und wirtschaftlicher Selbstverantwortung zunächst nur in begrenztem Maße in der Lage. Die Teilnahme an marktwirtschaftlichen Prozessen ist auf die Erfahrung angewiesen, das gesellschaftliche und entsprechend auch das wirtschaftliche Leben in Freiheit selbst gestalten zu können. Die Frage nach den gesellschaftlichen Voraussetzungen lenkt somit den Blick auf die besonderen kulturellen Traditionen, m. a. W. auf die *geistige Welt* der jeweiligen Region. Die Möglichkeit der Realisierung marktwirtschaftlicher Prozesse und die Ausprägung, die sie erfahren, lassen sich stets nur in dem gegebenen kulturellen Kontext begreifen und erörtern.

c) Staatliches Handeln im marktwirtschaftlichen System

(56) Jede Wirtschaftsordnung umfaßt mehr als den dezentralen Entscheidungsprozeß des Marktes und die diesem gegebene Rahmenordnung. In weiten Bereichen ist das Marktprinzip nicht ohne weiteres anwendbar. Dies betrifft insbesondere die sogenannten *öffentlichen Güter*. Zu ihnen zählen zum Beispiel die Sicherheiten, die der Staat vor Verbrechen, im Verkehr oder vor kriegerischen Angriffen von außen bietet, oder die Infrastrukturleistungen in Gestalt öffentlicher Straßen, Parkanlagen, Gebäude etc. Im Prinzip kann ein erheblicher Teil von ihnen sowohl als private Güter wie als öffentliche Güter bereitgestellt werden. So können Bildungsdienstleistungen sowohl als Privatschulen gegen Marktpreise wie als öffentliche Schulen organisiert werden. Die Dienstleistungen von Museen, Theatern, Opernhäusern, Parkanlagen usw. können als private Güter gegen Marktpreise oder als öffentliche Güter gegen Gebühren, die häufig nicht die Kosten decken, angeboten werden. Gesundheitsdienstleistungen können gegen Marktentgelt oder unabhängig von der individuellen Zahlungsfähigkeit (wie im Falle der öffentlichen Zwangsversicherung in Deutschland oder des öffentlichen Gesundheitsdienstes in Groß-

britannien) verfügbar gemacht werden. Die Verteilung des Angebots im Raum, die Zugänglichkeit dieses Angebots für die einzelnen Einkommensgruppen und die damit für sie verbundenen Lebenschancen werden bei einem privaten oder öffentlichen Güterangebot unterschiedlich sein. In der Bevorzugung privaten oder öffentlichen Güterangebots findet also eine politische Wertentscheidung Ausdruck. Die Grenzziehung zum privaten Produktionsbereich kann deshalb nicht nur nach rein wirtschaftlichen Kriterien erfolgen.

Schwieriger noch ist es zu bestimmen, in welchem Umfang die öffentlichen Güter produziert werden sollen. Sie setzen den Einsatz der gleichen volkswirtschaftlichen Ressourcen voraus, auf die auch die private Wirtschaft angewiesen ist. Es ist nicht leicht sicherzustellen, daß die knappen Ressourcen insgesamt in einer Weise auf die beiden Bereiche verteilt werden, bei der der damit verbundene Gesamtnutzen der Bevölkerung möglichst groß wird.

(57) Staatliche Leistungen erzielen keine rein marktgesteuerten Preise; Umsätze, die den Kosten gegenübergestellt werden könnten, lassen sich nicht ermitteln. So sind Gewinnvergleiche mit dem privaten Sektor unmöglich, sie würden auch nicht weiterführen. Denn das Erzielen privater Gewinne gilt – auch wo diese Gewinne nicht auf Marktmacht beruhen, sondern im Wettbewerb erzielt werden – nicht als selbstverständlicher Ausweis gesellschaftlicher erwünschter (»nützlicher«) Betätigung und wird darum – in einer heute wachsenden Zahl von Fällen – einer politischen Bewertung unterworfen. Wie die von staatlichen Maßnahmen und Projekten profitierenden Bürger ihren Nutzen bewerten, ist vielfach äußerst schwierig herauszufinden. Man ist auf recht grobe Verfahren angewiesen, die einen weiten Ermessensspielraum für Politiker und Beamte offenlassen. Selbst die Kosten staatlicher Leistungen (die gleich sind dem entgangenen Nutzen, wie er bei alternativem Einsatz der verwendeten Ressourcen im privaten Bereich hätte erzielt werden können) sind häufig nicht genau abzuschätzen. Eine Festlegung der Höhe der sogenannten Staatsquote, d. i. des Anteils des Staates an der Wirtschaftskraft, und der mit ihr verbundenen Steuerquote ist somit – selbst bei Vernachlässigung der Verteilungsproblematik – schwierig und wird immer umstritten bleiben. Man wird jedoch verlangen dürfen, daß eine möglichst sorgfältige Abschätzung des Nutzens vorgenommen wird, den

der Einsatz bestimmter Mengen knapper Produktionsmittel und Ressourcen im öffentlichen und – alternativ – im privaten Bereich der Wirtschaft für die Menschen hat. Dabei wird es auch nötig sein, konkurrierende Wertorientierungen zu klären und empirische Anhaltspunkte beizubringen, die geeignet sind, die vorgenommenen Bewertungen zu stützen oder aber zu hinterfragen.

Ein weiterer wichtiger Gesichtspunkt für die *Grenzziehung zwischen dem staatlichen Dienstleistungsbereich und dem privaten Produktionssektor* ist die Untergrund- oder Schattenwirtschaft. Zu ihr gehören auch Dinge wie Eigenarbeit oder Nachbarschaftshilfe, die an sich sehr begrüßenswert sind. Aber je höher die Quote ist, die an Steuern und Sozialabgaben aus dem Einkommen abzuführen ist, desto größer ist die Versuchung, die Abgabenleistung zu umgehen. Nach sehr unsicheren Schätzungen werden in der alten Bundesrepublik Deutschland in der Schattenwirtschaft Güter produziert, deren Wert etwa ein Siebtel des Sozialprodukts beträgt. Die damit verbundenen Probleme liegen auf der Hand: Die soziale Gerechtigkeit wird gestört, die staatliche Rahmenordnung ausgehöhlt und eine effiziente Faktorallokation verhindert. Zur Lösung des Problems darf man nicht nur nach mehr Steuerehrlichkeit rufen. Die Versuchung, in die Schattenwirtschaft zu gehen, hängt auch an der Höhe der Staats- und der Steuerquote.

(58) Der Abstimmungsprozeß »Markt« führt zu unbefriedigenden, vielfach sogar nicht akzeptierbaren Ergebnissen auch dann, wenn sich die Entscheidung eines Produzenten oder eines Konsumenten direkt (das heißt: nicht über den Markt und sich darauf bildende Preise) auf Kosten und Gewinn anderer Produzenten oder auf den Nutzen anderer Konsumenten auswirkt. Diese »externen«, nämlich bei anderen anfallenden *Effekte*, die sich nicht nur heute, sondern insbesondere auch zukünftig bemerkbar machen, werden von dem, der seine Entscheidung trifft, erfahrungsgemäß nicht oder nicht gebührend in Rechnung gestellt. Insofern liegt ein Marktversagen vor.

Das gilt besonders im Hinblick auf den Umweltbereich. Der Marktmechanismus ist als solcher nicht in der Lage, ökologische Gefahren zu vermeiden. Hier ist staatliches Eingreifen notwendig; angesichts der stark gewachsenen Umweltbedrohung liegt hier zwingender Handlungsbedarf vor. Mögliche Schritte sind die Vereinbarung freiwilliger Selbstbeschränkungen oder Maßnahmen innerhalb der staatlichen Rahmenordnung, nämlich entsprechende Ge- und Verbote und die strenge Überwachung ihrer Einhaltung. Auch marktwirtschaftliche Instrumente spielen eine Rolle, etwa indem die externen Kosten den Verursachern aufgebürdet werden, sei es durch entsprechende Gebühren oder Umweltsteuern, sei es mit Hilfe einer Versteigerung von Umweltlizenzen, die den Erwerber zu Emissionen in bestimmtem Umfang berechtigen. Das ökologisch Schädliche muß so teuer werden, daß es wehtut. Welches Verfahren immer gewählt wird, ist von nachgeordneter Bedeutung; vorrangig ist ein energisches Vorgehen bei der Lösung des Umweltproblems.

(59) Zu den besonderen Herausforderungen im Umweltbereich gehört das *Energieproblem* (s. noch unten Ziffer 182 + 185 + 188). Obwohl der Primärenergieverbrauch vom Wirtschaftswachstum abgekoppelt werden konnte und die sogenannte Energieintensität (Mio t Steinkohle-Einheiten pro Mrd DM Bruttoinlandsprodukt in Preisen von 1980) deutlich abgenommen hat, gehen von dem hohen Energievolumen, das erzeugt und verbraucht wird, immer noch gravierende Gefahren für die Umwelt aus. Das Baumsterben und der Treibhauseffekt auf das Klima sind nur zwei Beispiele dafür. Es kommt jetzt darauf an, auf einen sparsamen Verbrauch von Energie hinzuwirken und nicht nur die Entwicklung, sondern auch die Markteinführung alternativer Energieträger voranzutreiben. Dazu empfiehlt sich vor allem eine Steuerung über den Preis. Preiserhöhungen stellen erfahrungsgemäß einen wirksamen Anreiz dar, mit Energie behutsam umzugehen.

d) Marktwirtschaft und Sozialordnung

(60) Freier Wettbewerb auf offenen Märkten, eingefügt in den vom Staat gezogenen Rahmen, sorgt nicht von sich aus für eine sozialverträgliche Wirtschaftsordnung. Am Abstimmungsverfahren des Marktes können sich in der Regel nur diejenigen beteiligen, die einen eigenen Beitrag zum Sozialprodukt leisten. Wer arbeitslos, krank oder alt ist, kann seine Bedürfnisse nur sehr eingeschränkt am Markt artikulieren. Dies widerspricht allen Vorstellungen einer gerechten

Gesellschaft. Der Wettbewerb, mit dem das dem Selbstinteresse folgende Handeln der einzelnen dem Gemeinwohl nutzbar gemacht werden soll, kann nicht selbst Gemeinsinn fördern und eine Gemeinschaft von Menschen schaffen, in der jeder, der in Not gerät, sich durch den anderen gestützt weiß. Der Marktwirtschaft ist eine Sozialordnung an die Seite zu stellen, die im Blick auf die soziale Absicherung leisten muß, was die Marktwirtschaft nicht aus sich heraus leisten kann.

So ist die Wirtschaftsordnung der Bundesrepublik Deutschland nicht einfach bloß ein *Verbundsystem von Marktwirtschaft und Sozialpolitik* - einen solchen Verbund gibt es mehr oder weniger ausgebaut in allen westlichen Ländern. Sie zielt vielmehr auf die Integration der Marktwirtschaft in eine *Wirtschaftspolitik zur »bewußt sozialen Steuerung des Marktes«* (Alfred Müller-Armack). Dabei wird die Sozialordnung nicht als ein der moralischen Beruhigung dienendes Anhängsel oder gar als »Reparaturwerkstatt der Wirtschaft« begriffen, sondern als ein wichtiges, konstitutives Element der gesamten integrierten Ordnung. Die Schaffung eines sozialen Rechts wurde geradezu als Voraussetzung für das Funktionieren der ganzen Ordnung und damit auch eines Teils davon, nämlich der Marktwirtschaft, bezeichnet. Dies weist in die Richtung einer notwendigen Balance zwischen den verschiedenen, auf unterschiedliche Kompetenzen verteilten Aufgaben eines Gemeinwesens. Sie zum Ausgleich zu bringen, ohne sie in einer Hand zu konzentrieren, stellt die spezifische Aufgabe dar, die zu immer neuen Klärungen, Entscheidungen und Bemühungen um Verständigung herausfordert. Marktwirtschaft und Sozialpolitik bedingen sich in der Sozialen Marktwirtschaft gegenseitig und müssen sich im Gleichgewicht befinden, damit nicht das ganze System bedroht ist.

(61) Wirtschaftliche Erfolge können auch unter sozial bedenklichen Bedingungen erzielt werden – etwa unter Inkaufnahme hoher Arbeitslosigkeit in Teilbereichen der Volkswirtschaft, ungleicher Verteilung des Wohlstands und Verarmung einer wachsenden Minderheit. In der alten Bundesrepublik Deutschland ist ein beträchtlicher Wohlstand erreicht worden. Nicht vernachlässigt werden darf aber die Frage, mit welchen sozialen Kosten der erreichte Wohlstand verbunden ist. *Soziale Kosten* entstehen bei vielen Anpassungspro-

zessen der Wirtschaft, etwa wenn große Fabriken, z. B. Stahlwerke, geschlossen werden oder kleine Läden aufgeben müssen, weil sie nicht so rentabel und effektiv sind wie Verbrauchergroßmärkte. Wirtschaftliche Wachstumsprozesse gehen mit einem raschen sozialen Wandel einher und führen aufgrund des Tempos der Veränderung zu einem Vertrautheitschwund im sozialen Milieu. Dem wachsenden Wohlstand kontrastiert ein Anstieg sozialpathologischer Erscheinungen. So weist die Statistik in den letzten Jahren für die alte Bundesrepublik Deutschland mit einiger Konstanz ca. 10.000 Selbstmordtote im Jahr aus. Alkohol- und Drogensucht, Medikamentenabhängigkeit und psychische Erkrankungen haben bedrohlich zugenommen. Bei vielen wächst die Angst, mit dem Leben nicht mehr fertig zu werden.

(62) Der Sozialbereich ist im Verlauf der vier Jahrzehnte seit der Gründung der Bundesrepublik Deutschland nach und nach ausgedehnt worden. Der *Anteil der sozialen Leistungen* sowohl an den gesamten Staatsausgaben als auch am Bruttosozialprodukt hat zugenommen. Der Ausbau der sozialen Sicherung, aber auch der Anstieg der Arbeitslosigkeit seit 1973 ließen die Sozialleistungsquote (d.i. Sozialleistungen in vH des Bruttosozialprodukts) von 25 % im Jahr 1965 bis auf 33,7 % im Jahr 1975 ansteigen. Auf diesem Niveau verharrte die Sozialleistungsquote bis 1981 und ging bis 1990 auf 29,4 % zurück.

Soziale Leistungen müssen erwirtschaftet werden. Daher stehen soziale Leistungen und gesamtwirtschaftliches Leistungsvermögen in engem Zusammenhang. Für die optimale Beanspruchung des Sozialprodukts durch soziale Leistungen gibt es aber keinen allgemeingültigen Maßstab.

Die Zunahme der sozialen Leistungen hat auch dazu beigetragen, daß die Staatsquote (s. oben Ziffer 57), die zwischenzeitlich auf ca. 50 vH angestiegen war, mit ca. 48 vH derzeit immer noch vergleichsweise hoch ist. Dies hängt auch zusammen mit der Tendenz des wachsenden Anteils der Dienstleistungen am Sozialprodukt. Dabei wirkt sich – im privaten wie im öffentlichen Dienstleistungssektor – der sogenannte tertiäre Kostendruck aus: Dienstleistungsbetriebe werden wegen des hohen Anteils nicht durch Kapital ersetzbarer Arbeitskraft im Lauf der Zeit relativ teurer. Zum anderen nimmt mit wachsendem Wohlstand die Nachfrage nach Dienstleistungen relativ stärker zu.

(63) Beiträge der Arbeitgeber und Arbeitnehmer zur Finanzierung der sozialen Leistungen gehören zum selbstverständlichen Erscheinungsbild der Sozialen Marktwirtschaft. In ihrer Höhe zeigen die Sozialbeiträge eine ähnliche Entwicklung wie die Sozialleistungsquote. Allerdings ist bei ihnen in den 8oer Jahren kein Rückgang eingetreten. Das heißt, der Staat hat sich im Rahmen der Konsolidierung der Staatsfinanzen auch bei der Finanzierung sozialer Leistungen entlastet. Wurden 1965 die sozialen Leistungen noch in etwa zu gleichen Teilen aus Beiträgen und öffentlichen Mitteln finanziert, so tragen 1990 die Beiträge rund zwei Drittel und die öffentlichen Mittel ein Drittel bei.

An den Sozialbeiträgen wird im übrigen sichtbar, daß die Sozialordnung mit einer beachtlichen *Umverteilung von Einkommen* verbunden ist. Sie bewirkt zusammen mit den Steuern, vor allem der progressiven Einkommensteuer, daß die Verteilung der Einkommen auf die Haushalte nach Steuern und Sozialabgaben weniger ungleichmäßig ausfällt. Je höher das monatliche Bruttoerwerbs- und Vermögenseinkommen eines Haushalts ist, desto größer fällt im Durchschnitt der Umverteilungssaldo aus. Auf der Grundlage dieser Umverteilung ist in der Bundesrepublik Deutschland ein Sozialsystem von hoher Leistungsfähigkeit aufgebaut worden. Dies entspricht dem Sozialstaatsgebot des Grundgesetzes (Art. 20,1). Erst auf der Grundlage gesellschafts- und sozialpolitischer Absicherung der breiten Mehrheit der Bevölkerung konnten mit den hohen öffentlichen Leistungen Einstellungen und Fähigkeiten ermöglicht werden, die für die Marktwirtschaft funktional notwendig sind (Wagnisbereitschaft, Mobilität, Anpassungsfähigkeit, Bildungsinteresse u. a.).

(64) Die *notwendige Balance* zwischen Marktwirtschaft und Sozialpolitik kann von beiden Seiten gefährdet werden: von denen, die im Namen einer effizienten Wirtschaft und angesichts zunehmender Auslandskonkurrenz die »Soziallasten« zu vermindern suchen, und von denen, die im Namen der Gerechtigkeit mehr Sozialleistungen vom Staat fordern und die notwendige Mittelaufbringung der Wirtschaft zumuten. Beiden Seiten muß ins Bewußtsein gerufen werden, wie gemeinwohlschädlich eine Störung der oft nur mühsam aufrechtzuerhaltenden Balance sein kann.

Dies aufmerksam wahrzunehmen wird allerdings dadurch erschwert, daß häufig nicht mehr recht erkennbar ist, wie die einzelnen Haushalte per saldo vom Umverteilungssystem betroffen sind. Die meisten Bürger sind nicht nur zu Umverteilungsgebern (Zwangsbeiträge), sondern – vom Kindergeld bis zur Rente, von der Beihilfe bis zur Sozialhilfe, vom Steuervorteil beim Bauen bis zum Bezug von Einkommenszuschlägen in Berlin – zu Umverteilungsnehmern geworden. Der Nettoeffekt ist vielfach gar nicht mehr abschätzbar. Der gegenwärtige Zustand des Sozial- und Umverteilungssystems hängt wohl zu einem erheblichen Teil mit einem Anspruchsdenken zusammen, das sich in der Gesellschaft ausgebreitet hat: Die Anstrengungen werden darauf gerichtet, ohne Gegenleistung ein größeres Stück des Kuchens »Sozialprodukt« zu erhalten, und zwar mehr oder weniger unbemerkt.

(65) Vor besonders schwierige Aufgaben ist die Bewahrung der Balance zwischen Marktwirtschaft und Sozialpolitik in der *Landwirtschaft* gestellt. In der Agrarpolitik kommt der sogenannten Einkommensparität ein hoher Stellenwert zu: Die in der Landwirtschaft Tätigen sollen paritätisch an der Einkommensentwicklung beteiligt werden, die landwirtschaftlichen Einkommen sollen also insgesamt nicht langsamer steigen als die Einkommen in den übrigen Wirtschaftssektoren. Dies ist in sich ein durchaus plausibles Ziel. Um es zu erreichen, sind Preisgarantien für landwirtschaftliche Produkte gegeben worden. Sie führten aber dazu, daß die Hersteller von agrarischen Produkten zum Teil riesige Überschüsse (z. B. »Butterberg« oder »Milchsee«) erzeugten, die vom Staat zu hohen Kosten eingelagert werden mußten. Die Regulierungskräfte des Marktes wurden hier praktisch außer Kraft gesetzt. Die damit verbundenen Belastungen der staatlichen Haushalte erreichten eine Höhe, die nicht mehr tragbar ist. Als Alternative werden unter anderem direkte Einkommenstransfers an Landwirte diskutiert.

Sicher gehört die Landwirtschaft zu den Wirtschaftssektoren, die nicht einfach den Kräften des Marktes überlassen werden können. Schon seit geraumer Zeit bewegt sie sich im Spannungsfeld zwischen Wachsen und Weichen, Ökologie und Ökonomie, Hunger und Überfluß. Eine echte Reform der Agrarpolitik muß heute mehrere Ziele gleichzeitig verfolgen: die Überschußproduktion verringern, ökologische Belange stärker berücksichtigen (s. noch unten Ziffer 176), soziale Härten im Strukturwandel vermeiden und dabei die Balance zwischen Marktwirtschaft und Sozialpolitik bewahren.

e) Soziale Marktwirtschaft als dynamischer Prozeß

(66) Nach 40 Jahren der Entwicklung der *Sozialen Marktwirtschaft* in der Bundesrepublik Deutschland ist unübersehbar, daß sich dieses Konzept aufs Ganze gesehen bewährt hat und zu einem *Erfolgsmodell* geworden ist. Es war von entscheidender Bedeutung für den raschen Wiederaufbau von Wirtschaft, Staat und Gesellschaft, es hat den Strukturwandel befördert, und es hat sich als fähig erwiesen, ethisch bestimmte Impulse und Korrekturen aufzunehmen.

In anderen Ländern und Regionen ist das Erscheinungsbild der Marktwirtschaft zum Teil ein sehr anderes und nötigt zu entsprechend kritischen Anfragen. In der Betrachtung der weltweiten Situation ist darum sorgfältig zwischen dem marktwirtschaftlichen System generell und seiner besonderen historischen Ausprägung in der Bundesrepublik Deutschland, aber etwa auch in den skandinavischen Ländern oder in Österreich zu unterscheiden (s. noch unten Ziffer 77 + 85 + 175).

Der Erfolg der Sozialen Marktwirtschaft in der alten Bundesrepublik Deutschland läßt sich nicht allein an ökonomischen Zahlen ablesen. Aber sie geben wichtige Hinweise darauf, was seit 1949 erreicht worden ist. Das reale Bruttosozialprodukt (in Preisen von 1980), in dem alle während eines Jahres im Bundesgebiet erbrachten wirtschaftlichen Leistungen zusammengefaßt werden, hat sich seitdem mehr als verfünffacht; pro Kopf der Bevölkerung hat es sich in den zurückliegenden vier Jahrzehnten mehr als vervierfacht und im Jahr 1990 nahezu den Betrag von 30.000,– DM erreicht. Entsprechend ist die jährliche Arbeitsproduktivität (definiert als reales Bruttoinlandsprodukt – wiederum in Preisen von 1980 – pro Erwerbstätigem) stark angestiegen, zuletzt auf fast 65.000,– DM, und dies, während zugleich die wöchentliche Arbeitszeit von damals 48 Stunden auf rund 38 Stunden zurückgegangen ist. Zu diesem günstigen Ergebnis, mit dem 1949 niemand rechnen konnte und gerechnet hat, haben die starke

Sparneigung der privaten Haushalte und die große Investitionsbereit-schaft der Unternehmen erheblich beigetragen: Moderne Arbeits-plätze, auf denen produktiv gearbeitet werden kann und sich hohe Einkommen erzielen lassen, erfordern eine hohe Kapitalausstattung. Im Industriebereich belief sich die durchschnittliche Kapitalausstat-tung pro Arbeitsplatz 1989 auf nahezu 170.000 DM.

(67) Soziale Marktwirtschaft stellt sich der ständigen Verpflich-tung, unter sich wandelnden Bedingungen die Wirtschaft den Men-schen dienstbar zu machen und zu verhindern, daß die Menschen zur bloßen Funktion der wirtschaftlichen Prozesse werden. Sie bietet aber auch die Möglichkeit, diese Verpflichtung einzulösen. Sie versteht sich als *verbesserungsbedürftig*, und sie hat sich in der Vergangenheit als *verbesserungsfähig* erwiesen.

Soziale Marktwirtschaft ist kein stationäres Gebilde und nicht Aus-druck eines abstrakten, unabänderlichen Gesetzes. Sie ist vielmehr als ein dynamischer Prozeß zu begreifen, in dem Kontinuität und Wider-spruch, richtungweisende Grundentscheidungen und komplexe, di-vergierende Entwicklungen jeweils ihr Gewicht haben. Wirtschaft-liches Leben ist in der modernen Welt ständigen Strukturwandlungen unterworfen. Sie werden ausgelöst durch veränderte Präferenzen und Einstellungen der Menschen, Änderungen in der Verfügbarkeit von Ressourcen und Produktionsfaktoren, wachsende Umweltbelastun-gen, technologische Entwicklung in Form von Prozeß- und Produk-tionsinnovationen, neue Anbieter auf den Weltmärkten, den Auf-stieg und Abstieg von Nationen in Weltwirtschaft und Weltpolitik, eine zunehmende Internationalisierung der Produktion, die Schaf-fung größerer »Binnenmärkte« (z. B. in Europa). Auf diese Struktur-wandlungen müssen sich die Gesellschaft insgesamt wie die einzelnen Menschen in ihrem wirtschaftlichen Verhalten und in der Organisa-tion ihres Wirtschaftssystems fortwährend neu einstellen. Dazu be-darf es eines Wirtschaftssystems, in dem Kritik, Widerspruch und Kontrolle nicht nur formal zugelassen sind, sondern auch wirksam werden können.

(68) Eben dies ist bei der Sozialen Marktwirtschaft der Fall. In ihr sollen alle Menschen die Möglichkeit haben, am Wirtschaftsprozeß auf vielfältige Weise mitgestaltend und mitbestimmend teilzuneh-men – nicht nur als Produzenten und Konsumenten, sondern auch als

mündige, kritische Staatsbürger. Soziale Marktwirtschaft kann so gesehen eine *demokratische Wirtschaft* sein, die sich nicht dem politischen Willen des Volkes entzieht, sondern sich seinen Bedürfnissen stellt, nicht nur auf dem Markt, sondern auch im politischen Diskurs.

2. Demokratie und wirtschaftliche Macht

a) Entsprechungen zwischen Demokratie und Marktwirtschaft

(69) Das Verhältnis von Marktwirtschaft und Demokratie ist komplexer, als es im Streit der Meinungen – mit dem einen oder dem anderen Vorzeichen – häufig dargestellt wird. Zwar ist die Marktwirtschaft keineswegs immer mit Strukturen demokratischer Willensbildung verbunden. Wohl aber gilt, daß der demokratische Verfassungsstaat, wo immer er sich entwickelt hat, mit Marktwirtschaft verbunden war und ist. Diese Zusammengehörigkeit ergibt sich nicht nur als historischer Befund. Sie ergibt sich auch aus systematischen Überlegungen:

● Marktwirtschaft ermöglicht Gewaltenteilung zwischen politischer und wirtschaftlicher Macht. Diese Form von Gewaltenteilung ist für die Freiheit ebenso wichtig wie die Gewaltenteilung in der politischen Ordnung selbst. Ein Staat, der Herr aller Produktionsmittel ist und das gesamte Wirtschaftsleben kontrolliert, ist seinen Potentialen nach immer ein totalitärer Staat.

● Marktwirtschaft bedeutet Arbeitsteilung zwischen Staat und Wirtschaft. Diese Arbeitsteilung entlastet den demokratischen Verfassungsstaat von Aufgaben, die ihn überfordern würden. Davon ist im Zusammenhang mit der Tarifautonomie, die ein Element von Selbstverwaltung innerhalb der Marktwirtschaft darstellt, oft die Rede. Aber es gilt für viele folgenreiche Entscheidungen, die nach den Regeln der Marktwirtschaft autonom im Bereich der Wirtschaft getroffen werden: Entscheidungen über Investitionen, Arbeitsplätze, Preise, Einkommen. Wäre in allen diesen Fällen politisch zu entscheiden, und das heißt in der Demokratie: unter den Bedingungen des Konkurrenzkampfes um Zustimmung, so könnte der politische Konflikt rasch eine zerstörerische Intensität annehmen. Die Überlastung der politischen Institutionen würde zu einem Verfall ihrer Legitimität führen. Wird dem politischen System die Verantwortung für die gesamte Ökonomie übertragen, so läßt sich vermutlich auf die Dauer nicht demokratisch regieren. Arbeitsteilung heißt selbstverständlich nicht, daß der Staat sich aller Einflußnahme auf das Marktgeschehen enthielte (s. oben Ziffer 46 ff.). Er wirkt durch Vorgaben verschiedenster Art auf das Verhalten der am Wirtschaftsprozeß Beteiligten ein. Er korrigiert in erheblichem Maß auch die vom Markt herbeigeführte primäre Einkommensverteilung.

● Demokratien sind in besonderer Weise auf die Stütze einer leistungsfähigen Wirtschaft angewiesen. Das ist unsere eigene geschichtliche Erfahrung. Ohne den Erfolg der Sozialen Marktwirtschaft hätte die Demokratie nach 1945 in Westdeutschland vermutlich keine Wurzeln schlagen können. Was uns die Erfahrung lehrt, ist: Nur eine leistungsfähige Wirtschaft kann jenes Minimum an Wohlstand und Sicherheit gewährleisten, ohne das politischen Radikalismen und Irrationalismen ständig Tür und Tor geöffnet sind. Nur eine leistungsfähige Wirtschaft macht es möglich, die Verteilungskämpfe zuverlässig so zu dämpfen und zu Kompromißlösungen zu führen, daß sie die Demokratie nicht gefährden. Nur eine leistungsfähige Wirtschaft kann der Politik über das Steueraufkommen jene Handlungsfähigkeit verschaffen, auf die sie gerade als demokratische Politik angewiesen ist. Eine leistungsfähige Marktwirtschaft stützt also die Demokratie, weil sie wesentliche Voraussetzungen für den sozialen Frieden schafft. Darin liegt der verpflichtende Sinn der Sozialen Marktwirtschaft: Sozialer Friede und demokratische Konfliktregelung werden sich nur erhalten lassen, wenn anhaltende Arbeitslosigkeit, ungerechte Verteilung von Einkommen und Vermögen und Verarmung einzelner Bevölkerungsgruppen vermieden werden.

● Demokratie und Marktwirtschaft sind auf jeweils ihre Weise freiheitliche Ordnungen. Wie Demokratie eine dem Ideal der Freiheit verpflichtete politische Ordnung ist, so ist Marktwirtschaft eine dem Ideal der Freiheit verpflichtete Wirtschaftsordnung, insofern sie der Initiative des einzelnen im Wirtschaftsprozeß den größtmöglichen Handlungsspielraum einräumt und von den selbstdefinierten Bedürfnissen aller Individuen, die als zahlungsfähige Nachfrage in Erscheinung treten, ausgeht. Die Freiheit der Demokratie und die Freiheit der Marktwirtschaft sind nicht einfach zwei Seiten einer Medaille. Aber sie stehen in Beziehung zueinander und können sich wechselseitig stabilisieren.

b) Auswirkungen wirtschaftlicher Macht im demokratisch-marktwirtschaftlichen System

(70) Deutlicher als diese Entsprechungen zwischen Demokratie und Marktwirtschaft werden oft die Spannungen zwischen der Demokratie als politischer Ordnung und der durch den Steuerungsmechanismus des Marktes und die private Verfügungsmacht über Produktionsmittel bestimmten Marktwirtschaft wahrgenommen. Für Zweifel an der Demokratieverträglichkeit der Marktwirtschaft bildet, davon war bereits die Rede (s. oben Ziffer 48), in aller Regel die Macht der großen Unternehmen oder der Unternehmer im allgemeinen den kritischen Punkt. In der Tat bedeutet Gewalten- und Arbeitsteilung zwischen Politik und Wirtschaft, daß es Wirtschaftsmacht, die der Politik unabhängig gegenübersteht und ihr entgegentreten kann, nach den Konstruktionsprinzipien dieser Art von gesellschaftlicher Ordnung notwendig gibt. Die Frage ist, wann diese Macht zu einem Problem für die Demokratie wird.

(71) In den Frühzeiten der industriellen Revolution stellte sich Unternehmermacht vor allem als Macht dar, die der Unternehmer über die von ihm Beschäftigten ausübte. Der Staat räumte dem Unternehmer eine nahezu unbeschränkte Herrschaftsgewalt in seinem Betrieb ein. Diese Macht ist durch die Organisierung gewerkschaftlicher Gegenmacht und durch sozialstaatliche Reformen Schritt für Schritt eingegrenzt worden, nicht nur durch bindende rechtliche Vorgaben, sondern auch durch die Schaffung von Mitwirkungs- und Mitbestimmungsmöglichkeiten für die Arbeitnehmer.

Im Mittelpunkt der Kritik stehen heute vor allem die politischen

Auswirkungen wirtschaftlicher Macht im demokratisch-marktwirt-schaftlichen System. Dabei ist zu unterscheiden: Oft zielt die Kritik an wirtschaftlicher Macht auf Entscheidungen, die gemäß den Impulsen des Marktes in der Sphäre der Unternehmensautonomie getroffen werden, also auf Entscheidungen über Investitionen, Arbeitsplätze, Standorte, Produktentwicklungen etc. mit ihren weitreichenden Folgen für viele Menschen. Gemeint sein kann aber auch der Einfluß, den »Wirtschaftsmacht« gezielt auf die Politik ausübt.

(72) Handlungsspielräume, in denen Unternehmen und Unter-nehmer eigenverantwortlich entscheiden, sind keine problematische Begleiterscheinung der Marktwirtschaft. Wer sich für eine Markt-wirtschaft entscheidet, muß auch die mit der unternehmerischen Handlungsfreiheit verbundene Macht bejahen. Zwischen der Sphäre politischer Entscheidungen, die von der Gesamtheit der Bürger be-vollmächtigte Institutionen zu treffen haben, und der Sphäre wirt-schaftlicher Entscheidungen, die Unternehmen, auf die Signale des Marktes reagierend, in eigener Zuständigkeit treffen, verläuft eine Grenze. Sie ist für das demokratisch-marktwirtschaftliche System konstitutiv. Es ist im übrigen die gleiche Grenze, die auch die Tarif-autonomie schützt. Wer der weitreichenden Drittwirkungen man-cher Investitionsentscheidungen wegen die unternehmerische Inve-stitionsfreiheit prinzipiell infragestellt, muß konsequenterweise auch die Tarifautonomie infragestellen.

Im Rahmen des demokratisch-marktwirtschaftlichen Systems kann es nicht um die Aufhebung dieser Grenze gehen. Aufgrund sei-ner Gemeinwohlverantwortlichkeit steht der Staat vielmehr vor der Aufgabe, den ihre Freiheit nutzenden Wirtschaftssubjekten jene Re-geln vorzugeben, die er zum Schutz allgemeiner Belange für notwen-dig hält.

Zu fragen ist demnach, ob es dem Staat gelingt, auch gegenüber mächtigen ökonomischen Partikularinteressen Regeln zur Geltung zu bringen, die die Fairneß der Marktbeziehungen sichern, d. h. vor allem die Schwächeren gegen Übervorteilung schützen, und der Zer-störung der Umwelt durch Produktion und Konsum entgegenwirken. Für die politische Kultur einer freiheitlichen Gesellschaft ist es von großer Bedeutung, daß die privaten Unternehmen das Zustandekom-men der notwendigen öffentlichen Regulierungen in einsichtiger

Selbstbegrenzung unterstützen und in loyaler Weise bei ihrer Umsetzung mitwirken.

(73) Damit ist die Frage nach dem Einfluß der wirtschaftlich Mächtigen auf *politische* Entscheidungen aufgeworfen. Es gehört zu den Selbstverständlichkeiten demokratischer Politik, daß gesellschaftliche Gruppen mit ihren partikularen Interessen (Arbeitgeber, Gewerkschaften, Landwirtschaft u. a.) in großer Zahl auf die Politik einwirken. Solche Einflußnahme gilt dem Grundsatz nach als durchaus legitim. Sie macht das Wesen pluralistischer Politik aus. Problematisch wird es für die Demokratie, wenn bestimmte Gruppen und Interessen ein permanentes Übergewicht haben. Problematisch wird es natürlich auch, wenn politischer Einfluß mit illegitimen Mitteln gesucht wird. Wer die »Macht der Wirtschaft« in kritischer Absicht thematisiert, meint denn auch in der Regel: Dominanz der Unternehmerinteressen in den politischen Entscheidungsprozessen und Einflußnahme etwa durch die Gewährung von Vorteilen.

(74) Die Frage nach dem Einfluß der wirtschaftlich Mächtigen auf die politischen Entscheidungen im demokratisch-marktwirtschaftlichen System ist nicht ein für allemal, gewissermaßen aus der Natur der Sache heraus, zu beantworten. Wenn man genau hinsieht, wird man von Land zu Land, von Demokratie zu Demokratie zu unterschiedlichen Antworten kommen. Auch sind die Gegebenheiten von Politikbereich zu Politikbereich nicht die gleichen: Es ist, jedenfalls hierzulande, ein wesentlicher Unterschied, ob der Einfluß der Gewerkschaften gegen Unternehmerinteressen geltend gemacht wird, wie häufig bei sozialpolitischen Entscheidungen, oder ob Unternehmerinteressen und Gewerkschaftsinteressen konvergieren, wie vielfach bei umweltpolitischen Entscheidungen.

(75) Der politische Einfluß der Wirtschaft wird häufig – und nicht zu Unrecht – vor allem mit Geld in Verbindung gebracht. Ein Einfallstor für den politischen Einfluß des Geldes sind – direkt und indirekt – Wahlkämpfe, für die Parteien und Kandidaten Geld brauchen. Aber auch hier gilt, daß es von durchaus spezifischen Umständen abhängt, in welchem Ausmaß sich Geld in politischen Einfluß verwandeln läßt. Die Parteispendenaffären zeigen, daß auch die Bundesrepublik Deutschland gegen politische Korruption keineswegs gefeit ist.

Regierungen und Verwaltungen sind intensiver Beeinflussung

durch Wirtschaftsinteressen insbesondere dann ausgesetzt, wenn sie entweder als Auftraggeber oder als Subventionsgeber wichtig sind. Es können sich dann bürokratisch-industrielle Interessenverflechtungen herausbilden, die mit der Gemeinwohlverantwortung des Staates gänzlich unvereinbar sind. In ihnen ist die Gewaltenteilung zwischen politischer und wirtschaftlicher Macht, auf die es in der Symbiose zwischen Demokratie und Marktwirtschaft doch gerade ankommt, faktisch aufgehoben. Als besonders anfällig für solche Entwicklungen haben sich immer wieder die Beziehungen zwischen dem Staat und der Rüstungswirtschaft erwiesen, aber auch, um ein alltäglicheres Beispiel zu nennen, die zwischen den Kommunalverwaltungen und der Bauwirtschaft.

Politisch stark sind wirtschaftliche Partikularinteressen in der Demokratie vor allem, wenn sie mit dem Argument, daß es um die Erhaltung von Arbeitsplätzen gehe, operieren können. Viele Subventionsprogramme sichern sich ihr Überleben mit diesem Argument. Hier wird deutlich, daß wirtschaftliche Macht in Demokratien häufig gar nicht direkt politisch zur Geltung gebracht werden kann, sondern auf dem Umweg über antizipierte Wählervoten. Der hartnäckigerfolgreiche Widerstand der Automobilindustrie etwa gegen eine allgemeine Geschwindigkeitsbeschränkung in der Bundesrepublik Deutschland gewinnt sein volles politisches Gewicht erst im Zusammenspiel mit erwarteten Wählerreaktionen. Das Arbeitsplatzargument ist es auch (neben der Abhängigkeit der Gemeinden vom Gewerbesteuerertrag), das es größeren Unternehmen möglich macht, im Zusammenhang mit Standortentscheidungen erheblichen Druck auf Gemeinden auszuüben. Freilich gilt hier andererseits, daß Pressionen im kommunalen Bereich am ehesten öffentlich wahrgenommen und diskutiert werden.

(76) Verschiedentlich wird die Auffassung vertreten, daß vom systembedingten Zwang zur Rücksichtnahme auf Unternehmerinteressen stärkere Wirkung ausgehe als von direkter und gezielter Einflußnahme. Da demokratische Politik unter dem Diktat der Parteienkonkurrenz um Zustimmung auf Wirtschaftswachstum angewiesen sei, müsse sie die Bedingungen respektieren, unter denen die Unternehmer zu investieren bereit seien. Das aber bedeute, daß die Unternehmer in den Fragen, die sie interessierten, die Handlungs-

spielräume der Politik bestimmten, ohne irgendeine Art von sichtbarem Druck ausüben zu müssen. Diese These vereinfacht in einseitiger Zuspitzung einen komplizierten Zusammenhang. Es trifft zu: Politik im demokratisch-marktwirtschaftlichem System muß sich, da sie auf eine prosperierende Wirtschaft angewiesen ist, stets die Frage stellen, wie ihre Entscheidungen sich auf die Bereitschaft der Unternehmer zu investieren auswirken. Aber diese Abhängigkeit wird nicht einfach durch willkürlich ausgeübte unternehmerische Vetomacht hergestellt. Sie ergibt sich daraus, daß sich in einer Marktwirtschaft alle am Wirtschaftsprozeß Beteiligten an den Signalen des Marktes orientieren und orientieren sollen. Politik kann die Vorteile effizienten Wirtschaftens nicht genießen, ohne die Bedingungen ökonomischer Effizienz als Restriktionen ihres eigenen Handelns anzuerkennen und ernstzunehmen. Dies gilt nicht nur für das demokratisch-marktwirtschaftliche System. Es gilt für jedes denkbare System. Das Gewicht ökonomischer Gesichtspunkte im politischen Entscheidungsprozeß ergibt sich aus den Leistungserwartungen, die sich auf die Wirtschaft richten. Umgekehrt gilt: Die Handlungsspielräume demokratischer Politik gegenüber der Wirtschaft sind um so größer, je leistungsfähiger die Wirtschaft ist. Die Politik gewinnt gerade dadurch Handlungsmöglichkeiten, daß sie die Bedingungen solcher Leistungsfähigkeit prinzipiell respektiert. Das legitime Interesse der Politik an einer prosperierenden Wirtschaft darf freilich nie so einseitig dominieren, daß elementare Gemeinwohlpflichten darüber vergessen werden, wie es beispielsweise bei der Vernachlässigung der Pflicht, Ausfuhren in sensiblen Bereichen sorgfältig zu beaufsichtigen, mit verhängnisvollen Folgen geschehen ist.

Im übrigen ist offenkundig, daß demokratische Politik eine Vielzahl von Partikularinteressen, die ihren Handlungsspielraum von vornherein beschränken, in Rechnung stellen muß – der Zwang, auf unternehmerische Gewinninteressen Rücksicht zu nehmen, ist es nicht allein. Daß der Gesetzgeber, um nur ein weiteres Beispiel zu nennen, in der Bundesrepublik Deutschland darauf verzichtet, das Arbeitskampfrecht zu normieren, hängt bekanntlich damit zusammen, daß es keine Lösung gibt, die ihn nicht entweder mit den Arbeitgebern oder mit den Gewerkschaften in heftigen Konflikt brächte, einen Konflikt, vor dem er – aus guten Gründen, wie viele meinen – zurückscheut.

Das Problem wirtschaftlicher Macht liegt also nicht in der unbestreitbaren Tatsache als solcher, daß Politik im demokratisch-marktwirtschaftlichen System die Marktmechanismen nicht folgenlos ignorieren kann. Es kommt darauf an, was das konkret und im Einzelfall für die Handlungsspielräume demokratischer Politik bedeutet. Entscheidend bleibt die bereits gestellte Frage, ob der demokratische Staat im Regelfall stark und unabhängig genug ist, denen, die von den Freiheiten des marktwirtschaftlichen Systems Gebrauch machen, jene allgemeinen Verhaltensregeln vorzugeben, die er im Interesse des Gemeinwohls für notwendig erachtet.

c) Handlungsspielräume und Aufgaben demokratischer Politik im Umgang mit der Wirtschaft

(77) Faßt man die ganze Vielfalt unterschiedlicher Entwicklungswege und Ausprägungen des demokratisch-marktwirtschaftlichen Systems ins Auge – von den skandinavischen Wohlfahrtsdemokratien auf der einen bis zu den USA auf der anderen Seite –, so läßt sich allein schon an dieser Vielfalt ablesen, daß die Handlungsspielräume demokratischer Politik im Umgang mit der Wirtschaft nicht ganz klein sein können. Denn es waren zu einem guten Teil politische Weichenstellungen, die die Unterschiede hervorgebracht haben. Die Entwicklung der meisten Demokratien zu Wohlfahrtsstaaten ist der wichtigste Hinweis darauf, daß mit dem Zwang zur Rücksichtnahme auf Marktmechanismen und auf die Reaktionen derer, die über Investitionen entscheiden, der Politik nicht ein für allemal unverrückbare Schranken vorgegeben sind. Gegen viele der Schritte auf dem Wege des Aufbaus des modernen Sozialstaates ist vonseiten der Unternehmer Widerstand geleistet, ist das Argument vorgebracht worden, die harten Realitäten der Konkurrenzwirtschaft erlaubten dergleichen nicht. Und doch haben politische Mehrheiten, die den Willen dazu hatten, den Kapitalismus einem immer dichteren Netz sozialer Regeln unterwerfen können – nicht von heute auf morgen, wohl aber im Ablauf der Zeit. Daß manche Demokratien auf diesem Weg viel weniger weit gegangen sind als andere, hat in der Regel weniger mit dem Widerstand übermächtiger Wirtschaftsinteressen zu tun als

mit der politischen Orientierung an ausschlaggebenden Wähler-mehrheiten.

(78) Heute geht es vordringlich um ein neues Thema: Die Frage, ob der Staat imstande sei, Gemeinwohlnotwendigkeiten auch gegen widerstrebende ökonomische Partikularinteressen Geltung zu ver-schaffen, ist heute vor allem die Frage, ob es ihm gelingt, die ökologi-sche Domestizierung der Industriezivilisation rasch genug vorwärts-zutreiben. Noch kennen wir die Antwort nicht. Bei der Bewältigung dieser Aufgabe hat es der demokratische Staat freilich nicht nur mit der »Macht der Wirtschaft«, er hat es mit einer unentwirrbaren Ver-flechtung von ökonomischen Partikularinteresen mit festverwurzel-ten Lebensgewohnheiten, der Lebenspraxis der Gesellschaft insge-samt, zu tun. Das wird sofort sichtbar, wenn man sich – beispiels-weise – fragt, warum es so schwierig ist, die dringlich gebotene Ver-teuerung der Energie (s. schon oben Ziffer 59 und unten Ziffer 182 + 185 + 188), die notwendige Umstellung der Landwirtschaft (s. oben Ziffer 65 und unten Ziffer 176) oder die Umsteuerung in der Verkehrspolitik (s. unten Ziffer 176) in Angriff zu nehmen oder gar durchzusetzen.

Nach den Regeln der Demokratie kann sich der Handlungsspiel-raum der Politik gegenüber solchen Verflechtungslagen vor allem da-durch erweitern, daß im Parteienwettbewerb das Eintreten für ökolo-gische Belange lohnender wird, weil es sich in Stimmen auszahlt. Die Bildung von »Gegenmacht« im System der Parteien und organisier-ten Gruppen kann diese Entwicklung vorwärtstreiben.

(79) Der Hinweis auf die ökologische Aufgabe der Politik lenkt die Aufmerksamkeit auf ein neuartiges Problem von wachsender Bedeu-tung. Die großen Unternehmen sind zunehmend transnational orga-nisiert, sie operieren weltweit. Die Reichweite politischer Regelungen ist demgegenüber im allgemeinen noch immer eng begrenzt, nämlich auf das Territorium eines Staates; nur in der Europäischen Gemein-schaft wird diese Begrenztheit allmählich überwunden. Das bedeutet, daß große Unternehmen relativ gute Chancen haben, sich politischen Regelungen, die ihnen nicht passen, zu entziehen. Die Relation der Handlungsspielräume von Politik einerseits und Wirtschaft anderer-seits ändert sich zu Lasten der Politik. Dem läßt sich nur dadurch entgegenwirken, daß an die Stelle nationaler Regelungen vereinbarte

zwischenstaatliche Regelungen gesetzt oder handlungs- und durchsetzungsfähige internationale Organisationen geschaffen werden. Auf die Internationalisierung der Wirtschaft muß die Politik mit einer Internationalisierung der für die Wirtschaft verbindlichen Rechtsvorgaben antworten. Im übrigen ergibt sich auch aus der Natur der ökologischen Krise, daß sehr rasch grenzüberschreitende politische Handlungsfähigkeit aufgebaut werden muß. Das Zögern der Nationalstaaten, auf diesem Wege die notwendigen Schritte zu gehen, wirkt sich mit jedem Tag verhängnisvoller aus. Die Bundesrepublik Deutschland hat die Möglichkeit und darum auch die Verpflichtung, hier eine Vorreiterrolle zu übernehmen.

(80) Ein besonderes Problem im Verhältnis nicht nur zwischen Demokratie und Marktwirtschaft, sondern zwischen Politik und Wirtschaft in modernen Gesellschaften überhaupt stellt die »Naturwüchsigkeit« der von wirtschaftlichen Interessen vorwärtsgetriebenen technischen Entwicklung in der industriellen Zivilisation dar. Eine politische Steuerung dieses Prozesses ist immer wieder versucht worden, war aber bisher nur in Ansätzen erfolgreich.

Die Wahrnehmung des Problems hat eine lebhafte Diskussion und intensive Bemühungen um eine verläßlichere »Technikfolgenabschätzung« oder »Technikbewertung« in Gang gesetzt. Beim Deutschen Bundestag ist seit 1990 eine eigene Beratungskapazität (»Technikfolgenabschätzungsbüro«) installiert worden. Darüber hinaus sind die Gesichtspunkte von Sozial-, Umwelt- und Zukunftsverträglichkeit neuer Technologien so stark ins gesellschaftliche Bewußtsein eingedrungen, daß die Idee einer Partizipation aller gesellschaftlich relevanten Kräfte an technologiepolitischen Entscheidungen reale Gestalt anzunehmen beginnt. Zunehmend ist erkannt worden, daß die Entwicklung maßgeblich davon abhängt, wie die öffentliche Erörterung geführt und wer in ihr gehört wird, welche Fragen gestellt und wie die Probleme definiert werden. Eine solche Verbreiterung des Urteilsbildungsprozesses steht der unter ökonomischen Gesichtspunkten gewünschten Beschleunigung von Genehmigungsverfahren und Investitionsentscheidungen entgegen; jedoch bleibt angesichts der weiter anwachsenden Risiken der technischen Entwicklung in der industriellen Zivilisation – selbst um den Preis der Langsamkeit – Sorgfalt eine unerläßliche Tugend.

(81) Festzuhalten ist, daß es bei aller Nähe keine vorgegebene Harmonie zwischen Demokratie und Marktwirtschaft gibt. Auch wer die Verbindung von Demokratie und Marktwirtschaft nicht für einen historischen Zufall hält, sondern in ihr eine Art von Logik der Freiheit am Werk sieht, wird das nicht bestreiten. Da die Marktwirtschaft wirtschaftlicher Machtbildung unvermeidlich Raum gibt, ist die Gefahr des politischen Mißbrauchs wirtschaftlicher Macht immer gegeben. Der demokratische Staat kann sie reduzieren: Aus der Konzeption der Sozialen Marktwirtschaft entspringt die Verpflichtung, für Verhältnisse zu sorgen, in denen jedes Unternehmen im Wettbewerb mit anderen Unternehmen steht. Funktionierender Wettbewerb bedeutet »Gewaltenteilung« im Bereich der Wirtschaft selbst (s. oben Ziffer 40). Auch die Mitbestimmung kann als eine Form von Gewaltenteilung verstanden werden, die der Möglichkeit politischen Mißbrauchs wirtschaftlicher Macht entgegenwirken kann. Nicht zuletzt relativiert die Existenz gewerkschaftlicher »Gegenmacht« das politische Gewicht der Unternehmerinteressen. Vor allem aber bedarf es, wie die Erfahrung aller Demokratien zeigt, einer wachen und urteilsfähigen Öffentlichkeit. Das setzt eine Medienverfassung voraus, die den Massenmedien ein hinreichendes Maß an Unabhängigkeit von den mächtigen ökonomischen Partikularinteressen gibt. Eine wache und urteilsfähige Öffentlichkeit kann insbesondere auch dazu beitragen, daß die großen Unternehmen, denen die öffentliche Aufmerksamkeit vornehmlich gilt, ein aufgeklärtes Verständnis ihres Eigeninteresses entwickeln, ein Verständnis also, das die Belange der Allgemeinheit bei Entscheidungen mit weitreichenden Folgen mitberücksichtigt.

3. Die weltwirtschaftlichen Zusammenhänge

(82) Wer sich an der Diskussion über eine Fortentwicklung des Systems »Soziale Marktwirtschaft« beteiligen will, muß je länger desto mehr beachten, daß es eine deutsche *Volks*wirtschaft im engen Sinne des Wortes nicht mehr gibt. Die deutsche Wirtschaft ist in großen Bereichen fest in die *Welt*wirtschaft eingefügt und kann in vielerlei

Hinsichten nur noch als Teil einer über alle Ländergrenzen hinweg mehr oder weniger fest integrierten globalen Wirtschaft verstanden werden. Das zeigt sich unter anderem an drei Erscheinungen.

Erstens: Die Auslandsnachfrage ist für viele produzierende Bereiche wichtiger geworden als die Inlandsnachfrage. Die sogenannte sektorale Exportquote liegt vielfach deutlich über 50 vH. Gleichzeitig ist der Inlandsverbrauch stark von Auslandslieferungen abhängig geworden: Der Anteil der Importe am Inlandsverbrauch übersteigt derzeit in der Mehrzahl der statistisch erfaßten Sektoren zwei Fünftel.

Zweitens: Die Internationalisierung der Produktion weitet sich aus. Der Anteil der Auslandsproduktion von Inlandsfirmen ist inzwischen recht hoch geworden; entsprechend kommt den Direktinvestitionen heimischer Firmen im Ausland im Rahmen ihrer Investitionstätigkeit ein großes Gewicht zu. Es hat sich innerhalb sogenannter transnationaler Unternehmen eine intensive Arbeitsteilung über viele nationale Ländergrenzen hinweg herausgebildet.

Drittens: Die Globalisierung der Finanzmärkte hat die Bundesrepublik Deutschland erfaßt: »Es gibt nur noch eine Aktienbörse in der Welt, und sie ist ganztägig geöffnet; wenn der Handel in Tokio beginnt, werden in Los Angeles gerade die Schlußkurse festgestellt«. So nehmen die Umsätze im langfristigen Wertpapierverkehr deutlich schneller als die im Leistungsverkehr zu, und sie beherrschen die Geschehnisse auf den internationalen Devisenmärkten.

(83) Das alles bedeutet, daß die *wechselseitigen Abhängigkeiten* der Länder auf dem Gebiet der Wirtschaft zugenommen haben. Wechselseitige Abhängigkeit beinhaltet wechselseitige Verletzbarkeit. Dabei handelt es sich allerdings vielfach um sehr asymmetrische Beziehungen: Von den Ländern Schwarzafrikas sind andere Nationen kaum abhängig, während die USA trotz des Verlustes ihrer früheren Hegemonialmacht in der Weltwirtschaft immer noch eine gewisse Vorrangstellung einnehmen. Die große Ungleichheit in der Wirtschaftskraft der Länder und die daraus hervorgehende Asymmetrie ihrer Beziehungen haben Folgen für die internationale Machtverteilung und werfen die Frage auf, wie der Mißbrauch von Macht verhindert werden kann.

Eine stärkere Verflechtung der einzelnen Volkswirtschaften bedeutet auch immer, daß der Handlungsspielraum für die nationale, eigenständige Ziele verfolgende Wirtschafts- und Sozialpolitik enger wird. Zunehmend ist auf Entwicklungen und Ereignisse im Ausland zu reagieren. Zunehmend müssen die Auswirkungen und Reaktionen der eigenen Politik im Ausland in das Kalkül einbezogen werden. Zunehmend ist – auch in der Sozial- und Arbeitsmarktpolitik – zu berücksichtigen, wie weit geplante Maßnahmen die internationale Wettbewerbsfähigkeit der heimischen Unternehmen verändern.

(84) Der Bundesrepublik Deutschland fällt in diesem weltweiten System wechselseitiger Abhängigkeiten eine besondere Rolle zu, weil sie zu den führenden Handelsnationen und zu den einkommensstärksten Ländern zählt. Sie kann nachdrücklicher als andere Staaten Einfluß nehmen auf die *Gestaltung der Weltwirtschaftsordnung*, also auf die Gesamtheit der Institutionen und Normen, welche die kommerziellen und finanziellen Transaktionen im internationalen Wirtschaftsverkehr regeln. Freilich sieht sich die Weltwirtschaft tiefen Aporien gegenüber, und die Diskrepanz zwischen dem Anspruch, gerechtere Bedingungen herzustellen, und der politischen Realität stürzt immer wieder in Ratlosigkeit. Drei *Aufgabenfelder* sind voneinander zu unterscheiden:

- die internationale Arbeitsteilung und der daraus sich ergebende Handel der Länder mit Waren und Dienstleistungen,
- die internationale Kooperation in der Makropolitik,
- der Ausbau eines weltweiten Transfersystems zur Bekämpfung von Armut und Abwendung von Notlagen.

a) Internationale Arbeitsteilung

(85) Weltweit anerkannte Regeln zur Gestaltung der internationalen Arbeitsteilung und des damit verbundenen Austauschs von Waren und Dienstleistungen sind bisher nur in Ansätzen vorhanden, und es erweist sich als schwierig, diesen Zustand zu verbessern. Darum setzt sich in der Weltwirtschaft faktisch immer noch weitgehend der Stärkere durch. Die Auffassungen darüber, welche Normen und Institutionen zur Ordnung des Wirtschaftslebens sowohl funktionsgerecht als auch moralisch akzeptierbar sind, weichen zum Teil stark voneinander ab. Entsprechend sind die staatlichen Rahmenordnungen für

marktwirtschaftliche Entscheidungen und die Reichweiten behördlicher Anordnung von Land zu Land höchst unterschiedlich. Das gilt auch im Hinblick auf die drei größten Welthandelsnationen: USA, Japan, Deutschland. Diese Unterschiede nötigen zu kritischer Wahrnehmung und Auseinandersetzung (s. schon oben Ziffer 66), sie lassen sich aber nicht ohne weiteres beseitigen. Moralische Überzeugungen gewinnen ihre Anziehungskraft in der Regel nur, wenn sie sich auf Erfahrungen stützen können. Da die Erfahrungswelt von Volk zu Volk unterschiedlich ist, haben sich die moralischen Überzeugungen (auch im wirtschaftlichen Bereich) in legitimer Pluralität entwickelt. Sie können für andere jeweils verständlich werden, nicht aber auch verbindlich sein. So wird man Vereinbarungen über den internationalen Wirtschaftsverkehr *nur bei gegenseitiger Anerkennung des Andersseins* erreichen können. Eine Weltwirtschaftsordnung muß liberal in dem Sinne sein, daß sie an die Ordnungen der von ihr umfaßten Volkswirtschaften anknüpft und sich daran anlehnt.

(86) Erforderlich sind darum internationale Absprachen, die es einerseits ermöglichen, auftretende *Interessenkonflikte* zu *begrenzen* und zu beherrschen, und die andererseits *Partnerschaft und Kooperation zum gegenseitigen Vorteil fördern.* Sogenannte Handelskriege zwischen einzelnen Ländern (wie etwa der »Nudelkrieg« zwischen der Europäischen Gemeinschaft und den USA) entsprechen dem ebensowenig wie die seit der zweiten Hälfte der 70er Jahre anhaltende Verschlechterung der »terms of trade« (s. oben Ziffer 20) jedenfalls für die ärmsten Entwicklungsländer. Die Kaufkraft der Exporte dieser Ländergruppe hat sich in den vergangenen beiden Jahrzehnten nicht erhöht. Sie können zwar die Produktionsmengen, insbesondere von Rohstoffen (soweit sie über solche verfügen), steigern, aber ein Rückgang der Exportpreise macht alle Anstrengungen zunichte; was sie auf den Weltmärkten erlösen, ist weniger als zuvor. Ein besonders brennendes Problem stellt Schwarzafrika dar. Die Einbeziehung der von Rohstoffexporten stark abhängigen Länder Afrikas in die internationale Arbeitsteilung ist eher geringer geworden; der Anteil Afrikas am Weltexport betrug 1955 4,7 vH, 1988 nur noch 1,9 vH. Dies bedeutet, daß Afrika unter ökonomischen Gesichtspunkten für die Weltwirtschaft zu einer praktisch vernachlässigbaren Größe geworden ist. Die Folge ist weitverbreitete Armut. Alle diese Entwicklun-

gen belegen, daß die internationale Kooperation zum gegenseitigen Vorteil gegenwärtig in der Weltwirtschaft nur sehr unzureichend, im Ergebnis zum Vorteil der Stärkeren und zum Nachteil der Schwächeren erfolgt.

(87) Diese Feststellung wird auch nicht dadurch relativiert, daß die »magna charta« der internationalen Arbeitsteilung (als solche wird gemeinhin das *Allgemeine Zoll- und Handelsabkommen [GATT]* bezeichnet, das 1947 von 18 Staaten unterzeichnet, seitdem mehrfach geändert und inzwischen von fast 100 Ländern unterschrieben worden ist) weitgehend dem (nach dem italienischen Volkswirtschaftler Vilfredo Pareto benannten) »Pareto-Kriterium« folgt. Auf die internationale Arbeitsteilung übertragen besagt dieses Kriterium: Wenn zwei oder mehrere Länder Vereinbarungen zur Regelung ihres Güteraustauschs treffen, die a) gegenseitig gelten und dem Nutzen der Beteiligten dienen (»Reziprozität«) und b) zugleich die soziale Wohlfahrt keines anderen Landes verschlechtern, soll das Weltgemeinwohl als gesteigert angesehen werden. Um die Bedingung a) zu erfüllen, wurde im GATT-Vertrag Reziprozität (d.i. Gegenseitigkeit) vereinbart. Schon in der Präambel erklären sich die Vertragsparteien zu »reciprocal and mutually advantageous arrangements« bereit. Um der Bedingung b) zu entsprechen, erkennen die Unterzeichnerstaaten das Prinzip der unbedingten Meistbegünstigung an. Danach gelten alle Zugeständnisse, die ein Land einem anderen macht, bedingungslos als allen anderen Unterzeichnerstaaten gegenüber gemacht. Diskriminierungen einzelner Länder und handelsablenkende Effekte zum Nachteil einzelner Staaten sollen dadurch ausgeschlossen werden; mit den Vorteilen, die die Vertragsparteien erlangen, nimmt dem theoretischen Anspruch nach somit auch die Weltwohlfahrt zu.

(88) Am Pareto-Kriterium im Rahmen des GATT-Vertrages ist Kritik geübt worden. Dabei wird darauf verwiesen, daß Entwicklungsländer nur selten an internationalen Handelsabsprachen beteiligt waren, da ihre wirtschaftliche Armut es ihnen nicht ermöglichte, den Industrieländern Vorteile zu verschaffen und dadurch Reziprozität zu gewährleisten. So waren es vornehmlich Industrienationen, die miteinander Handelsvereinbarungen zu gegenseitigem Vorteil trafen. Der Einkommensabstand zwischen dem Süden und dem Norden wurde dadurch tendenziell vergrößert. Die Diskussion dieses Aspekts

führte im Jahre 1966 dazu, daß dem Allgemeinen Zoll- und Handelsabkommen ein Teil IV hinzugefügt wurde; darin sagten die Industrieländer zu, von Entwicklungsländern keine Reziprozität mehr zu verlangen. Außerdem wurden den Ländern der Dritten Welt auf Grund entsprechender Initiativen der UNCTAD, d. i. der UN-Konferenz über Handel und Entwicklung, Präferenzzölle (also niedrigere als sonst übliche Zölle) zugestanden. Das *Problem des ungleichen Vorteils* konnte damit gleichwohl nicht gelöst werden.

(89) Daß eine internationale Kooperation zu gegenseitigem Vorteil – schon allgemein und für Entwicklungsländer im besonderen – nur unzureichend verwirklicht ist, ergibt sich aus einer Vielzahl von Beobachtungen. Das *Allgemeine Zoll- und Handelsabkommen* hatte *von Anfang an einen begrenzten Geltungsbereich*. Der Agrarhandel war weitgehend von den verabredeten Regeln ausgenommen, der internationale Dienstleistungsverkehr blieb völlig unberührt, und bei verarbeiteten Produkten wurde fast ausschließlich die Importseite, der Zugang zu den Märkten anderer Staaten, geregelt. Selbst die Importe von Industriewaren unterliegen nicht vollständig den Bestimmungen des Abkommens: Für Textilien und Bekleidung wurde schon früh ein eigenes (protektionistisches) Regime geschaffen; Stahl wurde später weitestgehend ausgenommen. Ferner gingen die Länder nach und nach dazu über, zur Vermeidung höherer struktureller Arbeitslosigkeit einen außenhandelsbedingten Strukturwandel durch selektive protektionistische Maßnahmen zu verlangsamen. So blieb es nicht aus, daß Anfang der 80er Jahre Abweichungen vom Prinzip der unbedingten Meistbegünstigung eher die Regel als die Ausnahme bildeten.

(90) Damit sind negative Folgen verbunden. Wirtschaftliche Rahmenordnungen müssen verläßlich sein. Die am Wirtschaftsprozeß Beteiligten müssen darauf vertrauen können, daß Regeln und Vorschriften, denen sie unterworfen werden, allgemein beachtet und nicht unvorsehbar und kurzfristig geändert werden. Dem Bedürfnis nach Sicherheit und Stabilität insbesondere derer, die langfristige Investitions- oder Ausbildungsentscheidungen treffen, ist auf internationaler Ebene ebenso zu entsprechen wie auf nationaler. Die *Gewährleistung einer verläßlichen und stabilen Weltwirtschaftsordnung* fällt jedoch ungleich schwerer als die einer nationalen Rahmenordnung. Dies hängt damit zusammen, daß die Nationalstaaten die obersten Träger

von Souveränität in der Welt sind. Es gibt über ihnen keine Weltregierung, die den Einsatz von Machtmitteln und Sanktionen für den Fall androhen könnte, daß die einmal getroffenen internationalen Vereinbarungen nicht eingehalten werden. Insoweit ist die Stabilität der Weltwirtschaftsordnung sehr viel mehr von der gelebten Anerkennung moralischer Prinzipien (zu denen das Prinzip der unbedingten Meistbegünstigung und das Reziprozitätsprinzip zählen) abhängig, als es die nationalen Wirtschaftsordnungen sind. Den führenden und einkommensstarken Welthandelsnationen und somit auch der Bundesrepublik Deutschland wächst daraus eine besondere Rolle zu. Wenn sie freilich eine Vorbildfunktion zu übernehmen nicht bereit sind und – wie etwa im Falle der Bundesrepublik Deutschland durch die Zulassung protektionistischer Strömungen – selbst immer wieder gegen Buchstaben und Geist des Allgemeinen Zoll- und Handelsabkommens verstoßen, sind die Stabilität und die Verläßlichkeit der Weltwirtschaftsordnung bedroht – letztlich zum Schaden aller Länder, besonders aber der ärmeren Entwicklungsländer. Dies steht in direktem Widerspruch zu einer internationalen Kooperation zu gegenseitigem Vorteil.

b) Internationale Koordination der Makropolitik

(91) Mit dem Übergang der Weltwirtschaft von einem System lose miteinander verbundener Einzelstaaten zu einem einheitlichen Komplex eng verflochtener Volkswirtschaften sind auch die nationalen Träger der Makropolitik, also der Geld-, Währungs- und Finanzpolitik (s. schon oben Ziffer 46), in wechselseitige Abhängigkeit voneinander geraten. Das schließt ein, daß die *Maßnahmen*, die *in einem Land* ergriffen werden, *zum Nachteil anderer Völker* geraten können oder daß sogar bewußt versucht wird, durch makropolitische Steuerung Vorteile auf Kosten des Auslands zu erzielen. Als Beispiel mögen die geldpolitischen Entscheidungen der amerikanischen Notenbank 1979/80 zur Bekämpfung inflationärer Tendenzen dienen; der damit verbundene Zinsanstieg erhöhte die Zinslast für stark verschuldete Entwicklungsländer und trug zum Ausbruch der Schuldenkrise in der Dritten Welt bei.

(92) Der ersten der beiden oben (s. Ziffer 86) genannten Normen zur Ordnung internationaler Wirtschaftsbeziehungen, nämlich Interessenkonflikte zu vermeiden, entspräche es, ein weltweites Ethos zu entwickeln, das makropolitische Maßnahmen ausschließt, mit denen der eigene, nationale Vorteil auf Kosten anderer Länder gesucht wird (eine sogenannte »beggar-my-neighbour-policy«), und entsprechende Regeln vertraglich zu vereinbaren. Die zweite Norm, nämlich Kooperation zu gegenseitigem Vorteil zu fördern, legt es nahe, daß die Länder ihre stabilitätspolitischen Maßnahmen aufeinander abstimmen und Alleingänge tunlichst vermeiden. Aber die *internationale Kooperation* auf diesem Feld ist *noch unterentwickelt*. Entsprechend groß ist die Unsicherheit hinsichtlich der Entwicklung von Wechselkursen, Zinsen und Inflationsraten. Nach dem Zusammenbruch des Bretton-Woods-Systems führte die mangelnde internationale Koordination der in den einzelnen Staaten verfolgten Makropolitik zu höchst unbefriedigenden Ergebnissen in den 70er und zu Beginn der 80er Jahre. Aus der Erfahrung der beiden Weltwirtschaftsrezessionen in der Folge der Ölpreiskrisen von 1973 und 1979 bildeten sich allerdings neue Ansatzpunkte für eine bessere Koordination der Makropolitik heraus. Dazu gehören die Weltwirtschaftsgipfel, die regelmäßigen Treffen der »Großen Sieben« (G7: Deutschland, Frankreich, Großbritannien, Italien, Japan, Kanada, USA) und das Europäische Währungssystem. Ein weiterer wichtiger Schritt wird die Schaffung der Europäischen Wirtschafts- und Währungsunion sein. In der dann tripolaren Konstellation Europa – Nordamerika – Japan wird es darum gehen, die weltwirtschaftliche Zusammenarbeit auszubauen.

c) Internationales Transfersystem

(93) Daß rund 1.100 Millionen Menschen und damit etwa ein Drittel der gesamten Bevölkerung der Entwicklungsländer unterhalb der Armutsgrenze leben (s. oben Ziffer 18), ist ein Skandal. Diese Armut ist zwar nicht ohne Reaktionen vonseiten der reichen Länder geblieben. Einige der ärmsten Länder erhalten Entwicklungshilfe und Transferzahlungen, die einen hohen Anteil an ihrem Sozialprodukt ausma-

chen (z. B. Guinea-Bissau 89,3 Prozent; Gambia 55,6; Mosambik 51,7; Tschad 28,3; Malawi 23,6; Sambia 22,5 – alle Zahlen beziehen sich auf das Jahr 1987) und im Vergleich mit den Einnahmen dieser Staaten aus dem Export in die OECD-Länder sehr hoch sind (z. B. Guinea-Bissau 956 Prozent des Exports, Mosambik 509 Prozent, Tschad 332 Prozent, Lesotho 1.041 Prozent, Bangladesch 106 Prozent). *Insgesamt aber kann das internationale Transfersystem zur Bekämpfung der Armut* und zur Abwendung von Notlagen *nicht befriedigen.* Zu weit verbreitet ist die Armut in den Entwicklungsländern, zu groß sind die Einkommensunterschiede in der Welt. Die während der intensiven, in den 70er Jahren weltweit geführten Diskussionen über eine »neue Weltwirtschaftsordnung« gegebene Zusage der reichen Länder, 0,7 Prozent ihres Sozialprodukts für die Entwicklungshilfe zur Verfügung zu stellen, haben nur Saudi-Arabien (ca. 2,7 Prozent), Norwegen (rd. 1,1), die Niederlande (knapp 1), Dänemark (knapp 0,9), Schweden (zwischen 0,8 und 0,9) und Frankreich (etwas mehr als 0,7) eingehalten (alle Angaben beziehen sich auf 1988). Die Evangelische Kirche in Deutschland, deren westliche Gliedkirchen seit Jahren zwischen 1,5 und 2 Prozent der Kirchensteuereinnahmen für entwicklungspolitische Maßnahmen zur Verfügung stellen, und die ökumenischen Versammlungen des »konziliaren Prozesses« haben bei mehreren Gelegenheiten an das 0,7-Prozent-Ziel als Mindestanforderung erinnert.

(94) Die Bundesrepublik Deutschland gewährt öffentliche Entwicklungshilfe nur in Höhe von rd. 0,4 Prozent ihres Bruttosozialprodukts; das waren 1988 8.319 Millionen DM. Hinzugerechnet werden muß eine private Entwicklungshilfe (Zuschüsse nichtstaatlicher Organisationen – z. B. Kirchen, Stiftungen, Verbände – aus Eigenmitteln und Spenden an Entwicklungsländer) in Höhe von 1.223 Millionen DM. Diese Summen sind gemessen am Volkseinkommen (1988: 1.651.560 Millionen DM; das sind mehr als 26.000,– DM je Kopf) als sehr niedrig einzuschätzen. Ihre Höhe entspricht auch nicht den Vorstellungen, die sich im nationalen Rahmen in der Konzeption einer Sozialen Marktwirtschaft niedergeschlagen haben. Die Verknüpfung des Wirtschaftlichen mit dem Sozialen, die nach allgemeinem Verständnis in Deutschland unverzichtbar ist, zeigt sich hinsichtlich des *Engagements Deutschlands* außerhalb seiner Grenzen nur wenig.

Dabei geht es um mehr als nur um die Anerkenntnis, daß die Beseitigung von Hunger das elementarste der menschlichen »Grundbedürfnisse« ist und daß von Lebensqualität bei unzureichender Ernährung schwerlich gesprochen werden kann. Es geht um die Einsicht, daß in einem komplexen System weltweiter wechselseitiger Abhängigkeiten das eigene Wohlergehen auf Dauer gefährdet ist, wenn aufgrund der Kluft, die reiche und arme Länder trennt, internationale Spannungen auftreten, ökologische Zerstörungen hervorgerufen und Migrationsbewegungen ausgelöst werden. Wirtschaftlich sind die reichen Länder auf die armen nicht oder kaum angewiesen – und dieser Umstand trägt wesentlich zur gegenwärtigen Vernachlässigung des Problems bei; aber die genannten indirekten Auswirkungen der Armut haben genügend Gewicht, um die reichen Länder aus Selbstinteresse zu einem Umdenken und zu energischem Handeln zu veranlassen. »Das Überleben sichern« (so lautete die Überschrift des Berichtes der Nord-Süd-Kommission aus dem Jahre 1980) verlangt auch, ja gerade von den Deutschen, tatkräftig zum Aufbau eines internationalen Transfersystems beizutragen und dafür einen höheren Anteil des Sozialprodukts einzusetzen als bisher.

Teil III:
Wirtschaft
als Ort christlicher Verantwortung

1. Verantwortung in der Wirtschaft in christlicher Perspektive

(95) Überall im Leben und so auch in der Wirtschaft übernehmen Menschen in ihrem Handeln Verantwortung für andere Menschen und für die Mitwelt. Solche *Verantwortung von Menschen für Menschen und für die Mitwelt* ist zugleich Verantwortung vor Gott. Verantwortung vor Gott bedeutet für Christen, gemeinsam nach Maßstäben des Gebotes Gottes zu fragen, an denen das Handeln zu prüfen ist, und miteinander nach Orientierung zu suchen, von der sich Verantwortung nach Gottes Willen leiten lassen soll. Was bedeutet es, Wirtschaft als Ort christlicher Verantwortung zu verstehen?

(96) Wirtschaft ist kein verantwortungsfreier Raum. An den Ordnungselementen und Aufgaben der Sozialen Marktwirtschaft, wie sie in Teil II dargestellt worden sind, ist deutlich geworden, wo Verantwortung konkret gefordert ist: Entscheidungen von Produzenten und Konsumenten, Leistungsbereitschaft von Unternehmern und Arbeitnehmern, die Achtung von Spielregeln, der Umgang mit Ressourcen sind Beispiele dafür, wo ethische *Verantwortung in der Wirtschaft* praktiziert werden muß. Rechtliche Rahmenordnungen des Wettbewerbs, sozialpolitische Gewährleistung sozialer Rechte, internationale Kooperation, Begrenzung wirtschaftlicher Macht sind Beispiele dafür, wie staatliches und politisches Handeln in wirtschaftliche Verantwortung einbezogen ist.

Wirtschaft bildet einen übergreifenden Verantwortungszusammenhang. Leistungen und Probleme der Wirtschaft betreffen alle, Unternehmer wie Arbeitnehmer, Lohn- und Gehaltsempfänger wie Konsumenten, Rentner oder Pensionäre wie Arbeitslose oder Sozialhilfeempfänger, Wähler und Politiker. Dabei hat Verantwortung ein jeweils verschiedenes Gewicht. Zwischen persönlichen Entscheidungen, ökonomischen Notwendigkeiten und gesamtgesellschaftlichen Ordnungsaufgaben treten Spannungen und Konflikte auf, die in ein gemeinsames Verantwortungsbewußtsein aufgenommen werden müssen. Ökonomische Rationalität und mitmenschliche Solidarität sollen zusammenfinden. Wirtschaftliche Interessen, Freiheit zu persönlicher und gesellschaftlicher Lebensgestaltung und Verpflichtung auf das Gemeinwohl müssen miteinander verbunden werden.

(97) Wirtschaft ist ein Ort christlicher Verantwortung. Christen sind überall durch ihren Beruf und durch ihre Lebenspraxis am wirtschaftlichen Handeln beteiligt und darin zur Verantwortung vor Gott gerufen. Die evangelische Kirche beteiligt sich darum an dem heute nötigen Dialog über grundsätzliche Perspektiven der Verantwortung in der Wirtschaft. Die Kirche ist dabei geleitet von dem biblischen Zeugnis von der Gerechtigkeit Gottes und von der Botschaft der Liebe Gottes, die in der Solidarität der Nächstenliebe ihre Entsprechung finden soll. Fragen der Wirtschaftsordnung sollen damit nicht in den Rang von Bekenntnissen erhoben werden. Aber auch wo sie Sache ökonomischer und politischer Klugheit und sozialen Verantwortungsbewußtseins sind, können sie nicht von Fragen getrennt werden, die Christen *in Verantwortung vor Gott* gestellt sind. Sie haben es immer mit dem gemeinsamen Leben von Menschen in der Schöpfung Gottes zu tun. Im Vordergrund standen bisher (in Teil I und II) Fragen der Wirtschaftsordnung der Sozialen Marktwirtschaft in nationaler und internationaler Perspektive. Ihre Ordnungselemente verlangen im Prozeß wirtschaftlichen Handelns ständig verantwortliche Entscheidungen und sind auf Verantwortung ausdrücklich ansprechbar.

(98) Die heute notwendige ethische Besinnung und Rechenschaft bezieht sich auf *verschiedene Ebenen der Verantwortung,* und es dient der Klärung, wenn die unterschiedliche Wahrnehmung von Verantwortung ausdrücklich benannt wird. Die Prüfung wirtschaftlichen Handelns und die Rechenschaft darüber, woran es sich orientiert, beziehen sich auf folgende Ebenen:

- die bestimmende Weltsicht, die wirtschaftliches Handeln leitet und in der Verantwortungsbewußtsein aus christlicher Perspektive sich ausprägen soll,
- die inhaltlichen Ordnungskriterien, von denen her die Struktur der Wirtschaft nach christlichem Verständnis beurteilt werden muß, und
- die persönliche Verantwortung und Lebensführung von Christen in den Organisationen und Prozessen der Wirtschaft.

Die Bedeutung dieser drei Ebenen soll im Blick auf die in dieser Denkschrift verfolgte Aufgabenstellung und den Beitrag der Kirche noch genauer erläutert werden. Sie werden im abschließenden Teil IV aufgenommen und weitergeführt (s. unten Ziffer 179 ff.).

(99) Die bestimmende *Weltsicht*: Dabei geht es um die besonderen kulturellen Traditionen, um die »geistige Welt«, in deren Kontext die Möglichkeit der Realisierung marktwirtschaftlicher Prozesse und die soziale Verpflichtung, in die sie eingebunden sind (s. oben Ziffer 55), zu begreifen sind. Im Blick auf die geschichtlichen Voraussetzungen ist hier vieles zu bedenken. Die Anfänge der modernen rationalen Lebensführung hängen mit Überzeugungen und Lebenshaltungen zusammen, die ihre Wurzeln im Christentum haben und deren moderne Umformung in der Reformation vorbereitet worden ist. Die Entwicklung der modernen rationalen Wirtschaftsweise ist, historisch gesehen, sehr viel stärker vom Christentum bestimmt, als das einer rein säkularen oder rein kirchlichen Betrachtungsweise oft bewußt ist. Das gilt in gleicher Weise von den Erfolgen wie von den Problemen wirtschaftlicher Leistungsfähigkeit. In kaum einem anderen Lebensbereich haben sich die Antriebe zu selbständiger Tätigkeit und zum Einsatz menschlicher Fähigkeiten so folgenreich entfaltet wie im wirtschaftlichen Handeln. Die geschichtlichen Zusammenhänge zwischen der Entstehung der modernen Wirtschaftsweise und dem Christentum begründen insofern eine Art Verantwortungsgemeinschaft. Das ist heute gerade im Blick auf die internationale Verflechtung wirtschaftlichen Handelns auch unübersehbar. Die Besinnung auf die weltweiten Konsequenzen erfolgreichen und folgenreichen wirtschaftlichen Handelns läßt uns erneut nach den Voraussetzungen der bestimmenden Weltsicht fragen, denen unsere wirt-

schaftlichen Aktivitäten verpflichtet sind. Das geht Kirche und Wirtschaft gleichermaßen an.

(100) Inhaltliche Ordnungskriterien: Im Blick auf die Auseinandersetzung mit *inhaltlichen Ordnungskriterien* hat die evangelische Kirche durchaus Grund zur Selbstkritik. Die tiefgreifenden gesellschaftlichen Veränderungen, die von der modernen Wirtschaftsweise verursacht wurden, und die neuen sozialen Herausforderungen der Industrialisierung sind im deutschen Protestantismus weithin zu spät und zu halbherzig erkannt und aufgenommen worden. Die Auseinandersetzung mit der sogenannten sozialen Frage im 19. Jahrhundert, d. h. vor allem mit der Lage der Industriearbeiter, ist zwar von vielen einzelnen Pfarrern, Unternehmern und protestantischen Gruppen mit großem Einsatz geführt worden. Aber das Hauptgewicht lag darauf, durch caritative Hilfen in Gemeinden und Anstalten soziales Elend zu mildern. Das ist fraglos ein genuin christliches Anliegen. Ordnungsfragen im Lichte einer gerechten Sozial- und Wirtschaftsordnung sind im politischen Raum früher und konsequenter beachtet worden. Die Entwicklung des modernen Sozialstaates seit dem Ende des 19. Jahrhunderts ist von Motiven des Gemeinwohls bestimmt, deren christliche Wurzeln, auch wo sie außerhalb der Kirche wirksam wurden, unverkennbar sind. Die mit dem wirtschaftlichen Handeln zusammenhängenden Strukturprobleme, wie sie in Teil II erörtert worden sind, haben im Konzept der Sozialen Marktwirtschaft zu einer veränderten Sicht von Wirtschaft und Gesellschaft geführt. Im theologischen Denken und im allgemeinen kirchlichen Bewußtsein haben ökonomisch-soziale Strukturfragen lange Zeit keine angemessene Beachtung erfahren. Fragen der staatlichen Ordnung und der politischen Ethik haben in Kirche und Theologie sehr viel größere Aufmerksamkeit gefunden. Wirtschaft repräsentiert aber eine mindestens ebenso wesentliche Dimension der modernen Lebenswelt und Kultur wie die Politik. Hier eine Brücke zu schlagen zu der Bedeutung von Motiven und Orientierungen der christlichen Tradition für die Soziale Marktwirtschaft – darum geht es in der Diskussion inhaltlicher Ordnungskriterien.

(101) Persönliche Verantwortung: Die *persönliche Verantwortung und Lebensführung von Christen* in der Wirtschaft hat es nicht nur mit individualethischen Appellen und moralischen Forderungen

an die Lebensführung zu tun. Persönliche Verantwortung umfaßt mehr als individuelle moralische Integrität und Anstand. Im Rahmen organisierten wirtschaftlichen Handelns, seiner Notwendigkeiten und Gesetzmäßigkeiten, bestehen Spielräume, die dem wirtschaftlich Handelnden Entscheidungsfreiraum gewähren und zumuten (s. noch unten Ziffer 187). In der Wahrnehmung und Gestaltung solcher Freiräume in Organisationen und Institutionen sind persönliche Verantwortung und eigenes Gewissen gefordert. Wirtschaftsordnung und Gesetze setzen nur äußere Grenzen für das wirtschaftliche Handeln. Innerhalb dieser Grenzen haben individuelle und korporative Verantwortung einen keineswegs geringen Spielraum. Er muß ausdrücklich bewußt gemacht und eingefordert werden. Wer überzeugt ist, daß die Wirtschaft den Menschen dienen soll, für den kommt es darauf an, auch in der Organisation der Wirtschaft ein Menschenbild zu vertreten, das der Würde der Person und der individuellen Verantwortung eines jeden Menschen gerecht wird. Die Wege dazu müssen immer wieder neu gesucht werden.

(102) Diese verschiedenen Ebenen der Verantwortung sind in der praktischen Wirklichkeit nicht voneinander zu trennen. Ihre Unterscheidung soll hier auch nicht schematisch gehandhabt werden. Die Kirche nimmt in Solidarität mit den Christen in Beruf und Lebenspraxis an der Klärung von Maßstäben und Orientierungen teil, ohne ihren Appellen und Forderungen den Mantel der Allwissenheit und Allzuständigkeit umzuhängen. Ihre Aufgabe ist es, die Überzeugung zu stärken, daß *Nächstenliebe und Gerechtigkeit* überall die Verantwortung leiten sollen. Was das im Einzelfall konkret bedeutet, ist umstritten und bedarf sorgfältiger Überlegung. Verantwortungsbewußtsein braucht die Freiheit gegenüber der alltäglichen Macht des Ökonomischen. Verantwortungsbewußtsein nimmt Gestalt an, wenn wirtschaftliches Handeln nicht isoliert gesehen wird, sei es von innen oder von außen, sondern als Teil des gemeinsamen Lebens der Gesellschaft, ihrer Kultur und Geschichte und in dem allem und darüber hinaus in Verantwortung vor dem Gebot Gottes und seiner Gerechtigkeit.

2. Biblische Motive und Richtungsimpulse

a) Prüfen, was Gottes Wille ist

(103) **Vor aller menschlichen Verantwortlichkeit haben wir Grund zum Dank für Gottes Barmherzigkeit, durch die wir Leben und Freiheit zum Tun empfangen. Von dieser Dankbarkeit soll die Verantwortung geleitet sein, um zu prüfen, was Gottes Wille ist.**

(104) *»Ich ermahne euch nun, liebe Brüder, durch die Barmherzigkeit Gottes, daß ihre eure Leiber hingebt als ein Opfer, das lebendig, heilig und Gott wohlgefällig ist. Das sei euer vernünftiger Gottesdienst. Und stellt euch nicht dieser Welt gleich, sondern ändert euch durch Erneuerung eures Sinnes, damit ihr prüfen könnt, was Gottes Wille ist, nämlich das Gute und Wohlgefällige und Vollkommene«* (Römer 12,1–2).

(105) Um zu prüfen, was das Gute und Gerechte nach Gottes Wille ist, orientieren sich Christen am Zeugnis der Bibel. Einsichten und Überzeugungen, die sich in der Auslegung der Bibel gebildet haben, sollen in das Gespräch über Verantwortung in der Wirtschaft aufgenommen werden und Perspektiven für das gemeinsame Leben nach Gottes Willen öffnen.

(106) Die Bibel ist jedoch kein Rezeptbuch, aus dem unmittelbar Anweisungen für bestimmte Maßnahmen in Wirtschaft und Politik entnommen werden können. In der Auslegung der Bibel geht es um die »Erneuerung unseres Sinnes« und um die Veränderung unserer Wahrnehmung dessen, was wir tun sollen. Das Maß unserer ethischen Verantwortung ist nicht das Maß, nach dem wir von Gott gemessen werden. Vor allem unserem Tun gilt die Zusage des Evangeliums, daß wir Menschen durch Jesus Christus zum Vertrauen auf Gott befreit sind. Im Lichte dieser »Barmherzigkeit Gottes« erhält die ethische Verantwortung ihr eigenes Maß als »vernünftiger Gottesdienst« in der Freiheit des Glaubens und in der Bindung an das Gebot Gottes.

(107) Grundzüge ethischer Verantwortung in christlicher Perspektive sind

- die Dankbarkeit für die Fürsorge, in der Gott uns an den Gaben der Schöpfung teilhaben läßt,
- die Liebe zum Nächsten, um diese Gaben mit anderen zu teilen,
- die Suche nach Gerechtigkeit, um allen die Teilhabe an wirtschaftlicher Tätigkeit und ihrem Ertrag zu ermöglichen,
- die Achtung der Solidarität, um den Leistungen der Wirtschaft ihre dienende Funktion für die Menschen gegenüber ökonomischer Allmacht zu erhalten.

In den folgenden Abschnitten werden diese Grundzüge ethischer Verantwortung auf Themen und Probleme hin ausgelegt, die im Gespräch zwischen Kirche und Wirtschaft immer wieder eine Rolle spielen und die heute vorrangig die Verantwortung von Christen herausfordern.

b) Haushalterschaft im Lebensraum der Erde

(108) **Der Mensch ist von seiner Bestimmung her zur tätigen Bewahrung und Gestaltung der Erde aufgerufen. Zur Erfüllung dieser Aufgabe sind ihm als Geschöpf unter Geschöpfen von Gott der Lebensraum der Erde und die Lebenszeit gegeben. Das bedeutet nicht absolute Herrschaft, sondern Haushalterschaft im sorgsamen Umgang mit der Schöpfung Gottes.**

(109) *»Seid fruchtbar und mehret euch und füllet die Erde und machet sie euch untertan und herrschet über die Fische im Meer und über die Vögel unter dem Himmel und über das Vieh und über alles Getier, das auf Erden kriecht. Sehet, ich habe euch gegeben alle Pflanzen, die Samen bringen auf der ganzen Erde, und alle Bäume mit Früchten, die Samen bringen, zu eurer Speise. Aber allen Tieren auf Erden und allen Vögeln unter dem Himmel und allem Gewürm, das auf Erden lebt, habe ich alles grüne Kraut zur Nahrung gegeben«* (1. Mose 1,28–30). *»Gott der Herr nahm den Menschen und setzte*

85

ihn in den Garten, daß er ihn bebaute und bewahrte« (1. Mose 2,15).
Aber »verflucht sei der Acker um deinetwillen! Mit Mühsal sollst du
dich von ihm nähren dein Leben lang. Im Schweiße deines Angesichts
sollst du dein Brot essen, bis du wieder zu Erde werdest, davon du
genommen bist« (1. Mose 3,17−19).

(110) Die biblische Schöpfungserzählung stellt den Menschen in die
Reihe der Geschöpfe und zugleich, durch die Zusage der Gotteben-
bildlichkeit, als Mitarbeiter Gottes der ganzen Schöpfung gegenüber.
Darin ist der Mensch zu Leistung und Produktivität aufgerufen, die
doch immer mit Mühsal, Sorge und Arbeit verbunden sind. Der biblische Schöpfungsglaube erinnert daran, daß wirtschaftlichem Handeln
Güter (Ressourcen) vorgegeben sind, die nicht vom Menschen selbst
hergestellt werden. Der Lebensraum der Erde und die Lebenszeit sind
Gaben Gottes vor aller Tätigkeit, die in allem Tätigsein geachtet werden sollen. Der Mensch wird schuldig, wenn er meint, die Welt sei
seinem Wollen und Können restlos ausgeliefert. Dann wird die dem
Menschen anvertraute Verantwortung in der Schöpfung zu selbst-
süchtiger Herrschaft verkehrt. Der Mensch ist Gottes Geschöpf und
in all seiner Tätigkeit doch niemals Schöpfer der Welt oder seiner
selbst. Dieser Kontrapunkt zur einseitigen ökonomisch-technischen
Weltsicht wird heute neu bewußt. Von ihm her stellt sich uns gegenwärtig die kritische Frage, ob der Mensch mit seinem Handeln und
dessen Folgen das Fortbestehen der Schöpfung Gottes (creatio conti-
nua) zu Gedeihen oder Verderben führt. Das Wissen um Schuld und
Mißbrauch soll das Verständnis unserer Verantwortung in der
Schöpfung erweitern und erneuern.

(111) Neuartig sind die Gefahren für die globalen Bedingungen
menschlichen Lebens und seiner natürlichen Umwelt. Diese Gefahren resultieren nicht mehr primär aus einer den Menschen gefähr-
denden Natur, die der Mensch um seines eigenen Lebens willen zu
beherrschen sucht. Gefahren drohen nun aus der Herrschaft über die
Natur als Umwelt des Menschen. Haushalterschaft im Lebensraum
Erde heißt, aus der Einsicht in den Zusammenhang aller Lebensvollzüge heraus Abstand zu nehmen von der scheinbar unaufhaltsamen
Selbstläufigkeit der von Technik und Ökonomie in Gang gesetzten
Prozesse und aus dieser Distanz heraus präziser die Mittel und Ziele

zu bestimmen, die der Verantwortung entsprechen, die dem Menschen übertragen ist. Nicht alles, was im Namen der Vernunft getan wird, ist auch wirklich vernünftig, d. h. verantwortbar. Neue Herausforderungen der Verantwortung sind, um nur einige wichtige Beispiele hier zu nennen, die Schadstoffbelastungen der Umwelt durch den gewaltigen Energieverbrauch, die Nutzung von nur begrenzt vorhandenen Energieträgern oder die schon bekannten oder noch unbekannten Gefahren technisch umgesetzter und ökonomisch verwerteter wissenschaftlicher Forschung. Produktivitätssteigerungen in der Landwirtschaft sind in ihrem ökonomischen Nutzen wie in ihren ökologischen Folgen höchst ambivalent. Die Ausweitung von Produktion und Konsum treibt einen Prozeß voran, der, von unmittelbarem Interesse aller Beteiligten bestimmt, doch langfristig dem Lebensinteresse auf der Erde zuwiderlaufen könnte.

(112) Neu ist heute das Bewußtsein dafür zu bilden, daß auch die nichtmenschliche Natur in ihren lebendigen Arten und gewachsenen Verfassungen in die Gemeinschaft des Lebens gehört, der die Verantwortung des Menschen gilt. Der Begriff des Gemeinwohls, der aus gutem Grund für das Zusammenleben unter den Menschen geprägt ist, muß erweitert werden durch die Voraussicht und Rücksicht auf die Erhaltung und erneuerte Bewahrung des Lebens in seiner Vielfalt. Diese Verantwortung muß einem Verhalten widersprechen, das auf Zerstörung der Natur hinausläuft. Daß Herrschaft auch Vernichtung bewirken kann, ist eine aus dem Politischen hinreichend und bedrückend bekannte Erfahrung. Im Verhältnis des Menschen zur Natur ist es heute eine alarmierende Einsicht. Flüsse und Meere, Berge und Wälder, Luft und Atmosphäre machen heute erfahrbar, welches globale Ausmaß solche Zerstörung annimmt.

(113) Das gesteigerte Vermögen von Technik und Ökonomie steigert auch die Pflicht, absehbare Gefahren, die sich aus diesen Möglichkeiten ergeben, bei der Entscheidung über ihren Einsatz zu berücksichtigen. Zerstörerische Auswirkungen auf die Natur können nicht mehr als unvermeidlich hingenommen werden. Hier muß die Besinnung auf verbindliche Maßstäbe des Handelns einsetzen. Das geht alle an. Darum ist es notwendig, daß sich das Gemeinwesen öffentlich zu dieser Aufgabe bekennt und sie beispielsetzend in die Bestimmung der Staatsziele in der Verfassung aufnimmt.

Eine veränderte Weltsicht, die sich des Lebensraums der Erde und der Lebenszeit als Gaben Gottes bewußt ist, muß auch zu strukturellen Konsequenzen führen. Dazu muß in der politischen Öffentlichkeit für die Bereitschaft zur Korrektur geworben werden. Die Punkte der Korrekturbedürftigkeit wirtschaftlichen und technischen Handelns müssen klargelegt werden. Das persönliche Verhalten muß sich umorientieren, damit menschliche Verantwortung gemeinsam ausgeübt werden kann. Das Wissen um die Folgen unseres Handelns und unseres Lebensstils ist selbst nur endlich; unbeabsichtigte und unabsehbare Folgen, die über das Maß eines individuellen Menschenlebens, einer Generation und den Horizont der heute Lebenden hinausreichen, müssen dennoch mitbedacht werden. Die Verpflichtung, künftigen Generationen die Lebenschancen zu bewahren, die uns heute zuteil geworden sind, fügt der Verantwortung vor dem Recht auf Leben eine neue Dimension hinzu.

(114) Ökonomie, die auf effizienten Umgang mit knappen Gütern ausgerichtet ist, muß den sorgsamen Umgang mit den knappen Gütern der Natur noch sehr viel besser lernen. Das wird auch zunehmend erkannt. Aber es braucht noch geduldige und intensive Auseinandersetzung darum, wie künftig langfristige Nutzung und Erneuerungsfähigkeit von Ressourcen in Einklang zu bringen sind. Hier ist auch die individuelle Verantwortungsbereitschaft eines jeden einzelnen gefordert. Unternehmer und Verbraucher, Politiker und Wähler – niemand ist von dieser Herausforderung ausgenommen.

c) Feiertag und Arbeit

(115) Die Feiertage unterbrechen das tätige Leben und geben ihm Maß und Ordnung. Sie sind Tage der Erinnerung daran, daß wir wie alle Kreaturen Empfänger des Lebens sind, bevor wir arbeitend und gestaltend zu Tätern werden. Arbeit und Leistung sind lebensnotwendig, aber kein absoluter Wert. Feiertage sind für jeden einzelnen wie für die Gesellschaft ein lebenswichtiges Grundelement der Kultur.

(116) *Das dritte Gebot: Du sollst den Feiertag heiligen.* »*Gedenke des Sabbattags, daß du ihn heiligest. Sechs Tage sollst du arbeiten und alle deine Werke tun. Aber am siebenten Tage ist der Sabbat des Herrn, deines Gottes. Da sollst du keine Arbeit tun, auch nicht dein Sohn, deine Tochter, dein Knecht, deine Magd, dein Vieh, auch nicht dein Fremdling, der in deiner Stadt lebt. Denn in sechs Tagen hat der Herr Himmel und Erde gemacht und das Meer und alles, was darinnen ist, und ruhte am siebenten Tage. Darum segnete der Herr den Sabbattag und heiligte ihn*« *(2. Mose 20,8–11).* »*Der Sabbat ist um des Menschen willen gemacht und nicht der Mensch um des Sabbats willen*« *(Mk 2,27).*

(117) Das Gebot, den Feiertag zu heiligen, hat einen zutiefst humanen Sinn. Es lehrt, daß wir nicht erst durch Arbeit zu Menschen werden. Jeder Mensch ist Geschöpf und Ebenbild Gottes. Darin ist die Würde des Menschen begründet. Die Schöpfung Gottes geht aller menschlichen Arbeit voraus. In der Bibel wird der Sabbat von Gottes Schöpferwirken her begründet. Der Feiertag, die Ruhe von der Arbeit und die Einkehr in den Schöpfungsfrieden, ist geboten, damit im tätigen Leben das Wissen um die Rangfolge zwischen dem Tun Gottes und unserer Arbeit einen festen Ort hat. Arbeitsruhe wurzelt nach biblischem Verständnis in der Verehrung Gottes. In der Christenheit ist der Sonntag als Tag der Auferstehung Christi zum wöchentlichen Feiertag geworden. Der Feiertag bildet einen weiteren Kontrapunkt zu einer einseitig ökonomischen Weltsicht. Kultur kommt aus dem Kultus. Eine Arbeitskultur, die den Feiertag nicht achtet, wird zur Unkultur. Ohne gemeinsame Feiertage muß die Kultur des gemeinsamen Lebens Schaden leiden. Aus dieser Sicht des Feiertages ergeben sich somit strukturelle Konsequenzen für das Verhältnis von Feiertag und Freizeit.

(118) Der Mensch ist zur materiellen Selbsterhaltung auf Arbeit angewiesen. Darum soll der Ertrag der Arbeit dem Menschen ermöglichen, seinen Lebensunterhalt selbst zu erwerben. Der Sinn der Arbeit für die Selbständigkeit der Person und die Bedeutung der Arbeit für die sozialen Beziehungen begründen einen Auftrag an Staat und Wirtschaftsordnung, allen arbeitsfähigen Menschen Beteiligung an Erwerbsarbeit zu ermöglichen und der Arbeitslosigkeit zu wehren.

Die Selbständigkeit und Würde der Person muß auch in abhängigen Arbeitsverhältnissen geachtet und geschützt werden. Sie liegt allen Ansprüchen an Leistung und Zwecke der Arbeit voraus. Menschen sind mehr als ihre Arbeit. Darum setzt die Ruhe von der Arbeit der Verpflichtung zu Leistung und Effizienz humane Grenzen.

(119) Die Steigerung der Produktivität der Arbeit, die durch Kapitaleinsatz, Technik, Arbeitsorganisation und die Leistungsbereitschaft arbeitender Menschen möglich gemacht wird, hat zu einer Verringerung der Arbeitszeit geführt, wie sie früheren Zeiten unbekannt war. Vom Kampf um den freien Sonntag für Industriearbeiter bis zum arbeitsfreien Wochenende hat historisch der Weg zunehmend zu erwerbsfreier Zeit geführt. Das gehört zu den unstreitbaren sozialen Errungenschaften unserer Zeit.

Bestimmte Arbeiten an Sonn- und Feiertagen sind fraglos um des Menschen willen nötig. Viele Menschen gehen deshalb – z. B. in Krankenhäusern, im Verkehr, im Gaststättengewerbe – an Sonntagen und Feiertagen im Dienst anderer Menschen ihrer beruflichen Arbeit nach. Darüber hinaus führt der Gewinn an Freizeit dazu, daß Sonntagsarbeit vor allem im Bereich des Freizeitangebots, also im Dienstleistungsgewerbe ständig zunimmt.

(120) Der Feiertag darf jedoch nicht einfach als Teil der arbeitsfreien Zeit verrechnet werden. Die Kirchen haben auf den »qualitativen Unterschied« zwischen Sonntag und Wochenende hingewiesen. Selbstverständlich sind die Kirchen keine Gegner zunehmender Freizeit. Die vermehrte Freizeit am Wochende ist eine soziale Errungenschaft, die angesichts gestiegener Arbeitsintensität und der wichtigen Funktion gemeinsamer Phasen der Regeneration auch nicht infragegestellt werden sollte. Der qualitative Unterschied zwischen Freizeit und Feiertag, auf den es bei der Frage der Sonntagsarbeit ankommt, ist dagegen heute nicht mehr selbstverständlich. Wenn das Grundgesetz in Art. 140 von »Tagen seelischer Erhebung« spricht, so ist das ein zwar altmodisch klingender, aber durchaus passender Begriff für den eigentlichen Zweck der feiertäglichen Arbeitsruhe, daß nämlich wir Menschen unsere Seele nicht vergessen, unser Leben bedenken, innehalten, um über den Gaben und Gütern des Lebens nicht den Geber aller guten Gaben zu vergessen.

(121) Die Kirchen haben deswegen gegen die Einbeziehung des

Sonntags in die Flexibilisierung der Arbeitszeit Stellung genommen. In bestimmten Fertigungsstätten wird mit Rücksicht auf technische Notwendigkeiten sieben Tage ohne Feiertag gearbeitet. Dabei handelt es sich um Ausnahmen von dem geltenden Verbot der gewerblichen Sonntagsarbeit. Auch wenn der einzelne Mensch dabei nicht mehr arbeitet als andere, wird doch der gemeinsame Lebensrhythmus von Werktag und Feiertag in Familie und Gesellschaft dadurch beeinträchtigt. Darum müssen solche Ausnahmen Ausnahmen bleiben.

Das Interesse an rentabler Ausnutzung teurer Maschinen und der Verbesserung der Fertigungsqualität führt dazu, diese Ausnahmen auszuweiten. In der Auseinandersetzung um Sonntagsarbeit wird den Kirchen entgegengehalten, daß Sonntagsarbeit in der Industrie grundsätzlich auf freiwilliger Basis erfolge und viele Arbeitnehmer von dieser Möglichkeit bereitwillig Gebrauch machten. Die Entscheidung zur Sonntagsarbeit sei darum der individuellen Freiheit und Verantwortung zu überlassen. Der Anteil der Bevölkerung, der sonntags die Gottesdienste besucht, sei ohnehin gering. In der Tat, die Misere der Sonntagskultur ist offenkundig und tief beunruhigend. Aber daraus läßt sich nicht das unbegrenzte Recht ableiten, die Voraussetzungen und die Rahmenbedingungen des Sonntags als gemeinsamen Feiertages zunehmend zu untergraben.

Wenn die Hochöfen am Sonntag weiterarbeiten, die Verkehrsbetriebe durchgehend ihren Betrieb aufrechterhalten, die Gaststätten geöffnet sind – sollten dann nicht auch aus Gründen sonst gefährdeter Rentabilität immer weitere Ausnahmegenehmigungen berechtigt sein? Wäre es nicht scheinheilig, nur Ausnahmen von der Feiertagsregelung in der Industrie zu kritisieren? Die interessenbedingte Freigabe des Sonntags würde den Zugriff der Ökonomie auf alle Lebensbereiche unangemessen verstärken. Der Feiertag bedarf keiner ökonomischen Rechtfertigung. Der Feiertag ist ein wesentliches Symbol dafür, daß die Wirtschaft von Voraussetzungen lebt, die sie selbst nicht schaffen kann. Das gilt besonders für das Leben primärer Gruppen wie Familien, Freundschaften, Gemeinden als Elementen humaner Lebenskultur. Wir müssen uns darum Tendenzen widersetzen, durch die die Ausnahmen vom Feiertagsgebot zur Regel werden.

d) *Armut und Reichtum*

(122) Wirtschaftliche Leistung und Wettbewerb, die den gesellschaftlichen Reichtum vermehren, führen zu ungleicher Güterverteilung. Das unterschiedliche Maß, in dem Menschen an diesen Gütern teilhaben, verlangt nach Ausgleich. Im Lebensrecht der Armen begegnet in besonderer Weise der Anspruch der Gerechtigkeit Gottes an die Reichen.

(123) »*Schaffet Recht dem Armen und der Waise und helft dem Elenden und Bedürftigen zum Recht*« *(Ps 82,3). Auf die Frage des reichen Jünglings* »*Was soll ich Gutes tun, daß ich das ewige Leben erwerbe?*« *antwortete Jesus:* »*Willst du vollkommen sein, so geh hin, verkaufe, was du hast, und gib's den Armen, so wirst du einen Schatz im Himmel haben*«. *Zu seinen Jüngern aber sagte er:* »*Es ist leichter, daß ein Kamel durch ein Nadelöhr gehe, als daß ein Reicher ins Reich Gottes komme. Als das seine Jünger hörten, entsetzten sie sich und sprachen: Ja, wer kann dann selig werden?*« *(Matth 19,16 f. 24 f.)*

(124) Von der biblischen Kritik am Reichtum sind alle Menschen angesprochen, weil jedermann dazu neigt, sein Herz an materiellen Besitz zu hängen und sich darauf wie auf ein ewiges Gut zu verlassen. Das Evangelium, das Jesus den Armen gepredigt hat, lehrt uns: Nicht einmal der Reiche kann sich mit der Hingabe seines Reichtums einen »Schatz im Himmel« erwerben. Das Evangelium ist das Geschenk der Freiheit von materieller Sorge um das letztgültige Gelingen des Lebens (s. dazu noch unten Ziffer 165 ff.).

(125) Wir sollen uns deshalb fragen, welchem Zweck unser Reichtum und unser Besitz, ob groß oder klein, dienen und welchen Sinn wir ihnen in der Lebensführung geben. Die biblische Kritik am Reichtum bedeutet nicht, daß Armut ein erstrebenswertes Ziel sei und Armsein als solches eine höhere geistliche oder moralische Qualität darstellt. Die Bibel weist die Reichen auf das Recht der Armen hin. Armut zu wenden – das ist der elementare praktische Zweck, dem Reichtum dienen soll. Dem Reichen wird in der Armut vor Augen gestellt, was Recht und Gebot Gottes in dieser Welt von ihm verlangen. Deswegen sind die Armen um ihres Lebensrechtes willen eine

immer neue Herausforderung für die Reichen – unabhängig davon, ob es sich nach den Maßstäben der Tüchtigen und Erfolgreichen um selbstverschuldete Armut handelt oder nicht. Diese Herausforderung gilt heute in besonders bedrängender Weise angesichts der gesellschaftsbedingten Armut in den Elendsländern der Welt.

Im Christentum ist ein Bild vom Menschen lebendig, das die wirtschaftlich Starken und Selbständigen aufruft, sich den Schwachen, Hilfsbedürftigen und Armen zuzuwenden, die der Verantwortung und Rücksicht anderer bedürfen. In der Alten Kirche wurden deshalb die Schwachen, Hilfsbedürftigen und Armen als »Schatz« der Kirche, als christliches Gut betrachtet. Leistungskraft ist, auf Recht und Würde von Menschen bezogen, kein Wert in sich selbst, weil nach christlichem Verständnis Menschen nicht wie Güter nach Kriterien ihres Wertes beurteilt werden sollen. Gegenüber Leistung und Stärke wie Schwäche und Abhängigkeit von Menschen ist ungleich wichtiger, daß alle Menschen gemeinsam und ohne Unterschied als Sünder auf die Gnade und Gerechtigkeit Gottes angewiesen sind. Die Bibel lehrt uns zu sehen, daß alle Menschen letztlich nicht durch ihre Leistung bestehen und an ihr gemessen werden. Weil immer die Tendenz besteht, daß in der Gesellschaft denen auch höhere Anerkennung zuteil wird, die über größere Leistungskraft und höheren Einfluß verfügen, tritt die christliche Gemeinde mit besonderem Nachdruck für die vorbehaltlose Anerkennung gerade der Schwachen und Machtlosen ein.

(126) Die christliche Liebestätigkeit (Diakonie), zu der die Kirche seit ihren Anfängen immer wieder aufgerufen hat und deren Praktizierung zum Kerngehalt des Christentums gehört, ist ein elementarer Ausdruck für die Achtung der Gerechtigkeit Gottes, die allen Menschen gilt und zu menschlicher Gerechtigkeit und zum Ausgleich von Ungerechtigkeiten verpflichtet. Diakonie wird als Antwort christlicher Frömmigkeit auf das Evangelium praktiziert. Der Impuls zur Solidarität mit Armen und Hilfsbedürftigen geht über individuelle Hilfsbereitschaft hinaus. In der Wirtschaftsordnung wird er zum nötigen und vernünftigen Imperativ in einer Kultur, die bei außerordentlich gestiegenem materiellem Reichtum den Armen in der Welt um so mehr schuldet. Eine Gesellschaft, in der das Überleben der Armen von der Wohltätigkeit der Reichen abhängt, verweigert den

Armen den Schutz des Rechtes. Die Solidarität der Gesellschaft muß in gesicherten Ansprüchen auf ein Existenzminimum verwirklicht werden. Das entspricht auch den sozialen Menschenrechten, wie sie in internationalen Verträgen und Deklarationen festgelegt sind.

(127) Es geht hier um das Verhältnis von Wirtschaftspolitik und Sozialpolitik (s. oben Ziffer 60 ff.). Müßig ist es, nach einem absoluten Kriterium für soziale Gerechtigkeit zu suchen. Die Praxis und die Erfahrungen mit einer sozial verantworteten Wirtschaft im Konzept der Sozialen Markwirtschaft zeigen den Weg, der konkreter Verantwortung offensteht. Die Kluft zwischen Armen und Reichen ist immer ein Anzeichen für einen Mangel an Gerechtigkeit. Soziale Gerechtigkeit ist der Imperativ, diese Kluft zu verringern. Das bedeutet nicht, daß jeder dasselbe haben muß. Tatsächliche Unterschiede zwischen den Menschen, z. B. aufgrund unterschiedlicher Leistung oder unterschiedlichen Wohlstandes, entbinden die Gesellschaft jedoch nicht von der sozialen Verantwortung, den Vorteil der am meisten Benachteiligten zu suchen und ihre Grundbedürfnisse zu erfüllen.

Als Aufgabe der Gemeinschaft ist es Sache der Politik, durch institutionelle und gesetzliche Regelungen den Ausgleich wirtschaftlicher Ungerechtigkeiten zu befördern. Sozialpolitik ist ein ethischer Imperativ der Wirtschaftspolitik. Erfolgreiche Wirtschaftspolitik ist allerdings die Voraussetzung für eine gute Sozialpolitik. Die Systeme des gesellschaftlichen Ausgleichs zwischen reich und arm (wie z. B. Sozialversicherung, Steuergesetzgebung etc.) brauchen zu ihrer Funktionsfähigkeit die Produktivität wirtschaftlichen Handelns. Wo keine Güter erwirtschaftet werden, kann auch nichts verteilt werden. Aber gesellschaftlicher und individueller Reichtum steigert auch die Verpflichtung gegenüber dem Lebensrecht der Armen in der Welt.

(128) Die Herausforderung durch Armut endet nicht an den Grenzen eines nationalen gesellschaftlichen Systems von Wirtschafts- und Sozialpolitik. »Arm« und »reich« sind relative Begriffe. In der Perspektive der Weltgesellschaft, im Vergleich von Nord und Süd sind in unserem Lande die meisten Menschen »reich«. Solidarität mit den Armen kann auch nicht an den Grenzen gesellschaftlicher Systeme Halt machen. Soziale Gerechtigkeit ist ein Anspruch an das herrschende System der Weltwirtschaft. Was in ökonomisch entwickelten Ländern weitgehend gewährleistet ist, ist in anderen Teilen der

Welt ein noch völlig ungelöstes Problem. Das hängt nicht zuletzt damit zusammen, daß es international keine sozial verantwortete und sozialpolitisch abgesicherte Ordnung der Wirtschaft gibt wie im nationalen Wirkungsraum der Sozialen Marktwirtschaft. Der Kampf gegen absolute Armut ist der originäre ethische Impuls der Entwicklungshilfe. Aber die Entwicklungspolitik ist trotz gezielter Strategien zur Befriedigung der Grundbedürfnisse an diesem Problem bisher gescheitert. Weltwirtschaftlich gesehen muß mit großem Nachdruck für solche marktwirtschaftliche Lösungen geworben werden, die vorrangig Elemente sozialpolitischer Ordnung einschließen.

Daß ein Drittel der Weltbevölkerung unterhalb der Armutsgrenze lebt, ist ein beschämendes Zeichen für die Völkergemeinschaft (s. dazu oben Ziffer 18). Gerade weil es sich um ein anhaltendes Grundproblem der Weltwirtschaft handelt, dürfen die Anstrengungen, bessere Lösungen zu finden, nicht nachlassen.

(129) Politische Verantwortung für soziale Gerechtigkeit macht individuelle Bereitschaft zum Teilen und Helfen nicht überflüssig. Nicht jede Hilfsbedürftigkeit kann und soll durch gesetzliche Ansprüche und rechtliche Regelungen aufgefangen werden. Spontane und freiwillige Hilfsbereitschaft ist ein unersetzliches Lebenselement einer humanen Gesellschaft. Selbsthilfeorganisationen und wohltätige Vereine, Einrichtungen der Diakonie und der Wohlfahrt, Stiftungen und Schenkungen – guter Wille zur praktizierten Nächstenliebe und zu besserer Gerechtigkeit soll und kann sich auf vielen Ebenen verwirklichen.

e) Eigentum

(130) **Eigentum gehört zur Freiheit und zu den Grundrechten des Menschen. Die Freiheit des Umgangs mit persönlichem Eigentum ist an soziale Verantwortung gebunden. »Eigentum verpflichtet. Sein Gebrauch soll zugleich dem Wohle der Allgemeinheit dienen« (Art. 14,2 GG). Die Güter der Erde als von Gott gewährte Lebensgrundlage für alle Menschen und alle Geschöpfe setzen dem Gebrauch von Eigentum Grenzen, die heute neu bestimmt werden müssen.**

(131) *»Wer im Geringsten treu ist, der ist auch im Großen treu; und wer im Geringsten ungerecht ist, der ist auch im Großen ungerecht. Wenn ihr nun mit dem ungerechten Mammon nicht treu seid, wer wird euch das wahre Gut anvertrauen?« (Lk 16,10f.)*

(132) Der Umgang mit Eigentum ist ein wichtiges Feld persönlicher und gesellschaftlicher Verantwortung. Am Eigentum als dem persönlichen Verfügungsrecht an Dingen und Sachwerten bildet sich Verantwortungsbewußtsein. Die Pflege persönlicher Habe wie der Verlust von Eigentum lassen Verantwortung ebenso unmittelbar erfahrbar werden wie der Umgang mit geliehenem oder anvertrautem Eigentum anderer Menschen. Eigentum gehört ebenso elementar zur Freiheit des Menschen wie die soziale Absicherung; am Umgang mit Eigentum wird deutlich, wie Freiheit und Verantwortung zusammenhängen. Der alte ethische Grundsatz, daß Eigentum verpflichtet, bringt das zum Ausdruck: Eigentum gehört zur Freiheit der Person, und zugleich wird die Person darin auf ihre Verantwortung angesprochen. Je größer das Eigentum, um so mehr verleiht das Recht zur freien Verfügung wirtschaftliche Macht. Das Eigentum an Produktivvermögen wie die unternehmerische Zuständigkeit für seinen Einsatz verlangen in besonderem Maß einen verantwortlichen Gebrauch dieses Freiheitsrechts.

(133) Persönliches Eigentum reicht für die weitaus meisten Menschen nicht zur materiellen Sicherung ihres Lebens aus. Sie sind auf Einkommen aus Arbeit und Beruf sowie auf Leistungen aufgrund erworbener oder zuerkannter Ansprüche wie Pensionen, Renten, Sozialleistungen usw. angewiesen. Die Rechtsordnung hat solche Ansprüche inzwischen auch als Eigentumsrechte anerkannt. Die Eigentumsordnung, die Recht und Freiheit persönlichen Eigentums schützt, bildet nur einen Teil der sozialen Ordnung. Das mindert jedoch nicht die Bedeutung des persönlichen Eigentums, an dem Freiheit und Verantwortung in besonderer und konkreter Weise erfahrbar werden.

(134) Wie wichtig das ist, zeigen Erfahrungen in Gesellschaften, die das Recht auf Privateigentum auf Dinge beschränken, die allein der persönlichen Lebensführung dienen, ihm darüber hinaus aber die gesellschaftliche und rechtliche Anerkennung versagen und auf die-

sem Wege ein wichtiges Fundament für verpflichtendes Verantwortungsbewußtsein gegenüber der Gesellschaft entfernen. Die Abschaffung oder Verneinung des Privateigentums als selbständigen wirtschaftlichen Potentials beseitigt nicht Gefahren des Mißbrauchs öffentlichen Eigentums wie den unverantwortlichen Umgang oder Gebrauch zu Lasten anderer Menschen. Sie beseitigt aber das Bewußtsein für die konkrete Verpflichtung, die mit Eigentum verbunden ist. Das Ausmaß, in dem privates Eigentum etwa im Rahmen der Sozialpolitik für Leistungen der öffentlichen Hand zur Umverteilung auf andere Empfänger herangezogen werden soll, wird immer umstritten bleiben. Es ist aber unverkennbar, daß – wenn seine Sozialbindung beachtet wird – Privateigentum in der Marktwirtschaft eine wichtige und unersetzliche Funktion für verantwortliches Wirtschaften ausübt.

Daß nicht alle wirtschaftlichen Aufgaben auf der Grundlage des Privateigentums wahrgenommen werden können, ist dabei nicht zu übersehen (s. dazu oben Ziffer 44 + 56). Die Eigentumsordnung allein garantiert nicht von sich aus eine ökonomisch und sozial funktionierende Marktwirtschaft. Dazu ist eine Wirtschaftsordnung notwendig, die der Tatsache Rechnung trägt, daß persönliches Eigentum nicht die alleinige Quelle der sozialen Lebenssicherung ist und sein kann. Eigentum an Produktionsmitteln kann deswegen auch nicht grundsätzlich gegen betriebliche Mitwirkung und Mitbestimmung gesetzt werden. Erfahrungen mit der Sozialen Martwirtschaft zeigen, daß Mitsprache und Mitgestaltungsrechte der Arbeitnehmer eine konstruktive, den Wirtschaftsprozeß fördernde und die Leistungskraft des Unternehmens fordernde Rolle spielen.

(135) Im Christentum bildet das asketische Ideal der Besitzlosigkeit eine wichtige Tradition. Dabei ging und geht es um die Freiheit des Christen gegenüber materiellem Besitz als Weg der Nachfolge. Die christlichen Kirchen haben solche radikale Nachfolgeethik nicht als Folge des Gebots der Nächstenliebe gelehrt. In diesem Zusammenhang könnte auch an die einst wirtschaftlich und sozial erfolgreiche Eigentumsform der Mönchssiedlungen erinnert werden. Das Gebot der Nächstenliebe fordert nicht, jeden Besitz preiszugeben und Eigentum generell zu verwerfen. Es richtet den Umgang mit persönlichem Eigentum auf die Gemeinschaft der Menschen und aller Geschöpfe.

Niemand könnte dem Nächsten etwas geben, wenn er nichts zu eigen hätte. Teilen setzt voraus, daß das, was geteilt werden soll, zuvor durch Arbeit und Leistung erworben worden ist. Dazu können auch andere Formen des Eigentums verhelfen wie Genossenschaften oder die Eigentums- und Arbeitsform der Kibbuzim. Freiwillig gewählte gemeinschaftsbezogene Eigentumsformen können das soziale Verantwortungsbewußtsein fördern.

(136) Freiheit und Verantwortung hängen auch im Blick auf die Gesellschaft als Rechtsgemeinschaft zusammen. Eigentum ist als Rechtsinstitut gefaßt und unter rechtlichen Schutz gestellt. Entsprechende Regelungen enthält nicht nur das Grundgesetz der Bundesrepublik Deutschland, sondern ebenso die Allgemeine Erklärung der Menschenrechte vom 10. Dezember 1948: »Das Eigentum und das Erbrecht werden gewährleistet« (Art. 14,1 GG). »(1) Jedermann hat das Recht, allein oder in Gemeinschaft mit anderen Eigentum zu haben. (2) Niemand darf willkürlich seines Eigentums beraubt werden« (Art. 17 der Allgemeinen Erklärung der Menschenrechte). Die Institutsgarantie des Eigentums ist auf das Gemeinwohl bezogen: »Eigentum verpflichtet. Sein Gebrauch soll zugleich dem Wohle der Allgemeinheit dienen« (Art. 14,2 GG).

(137) Die Güter der Erde sollen allen Menschen und allen Geschöpfen dienen. Der Verfügung über Eigentum wie der Begründung von Eigentumsrechten sind darum Grenzen gezogen. Sorgfältiger Prüfung bedarf es, in welchen Fällen eher Privateigentum und in welchen eher Gemeineigentum dem Wohl des Ganzen dient. Privates Eigentum fördert das Bewußtsein für die konkrete Verpflichtung, die mit dem Eigentum an bestimmten Gütern verbunden ist; Gemeineigentum unterstreicht den Gesichtspunkt, daß der Gebrauch bestimmter Güter für alle Menschen lebenswichtig ist. Besonders bedeutsam werden diese Fragen heute im Blick auf die Nutzung der natürlichen Umwelt. Hier stecken noch weitgehend ungeklärte Probleme der Grenzen von Individualrechten. Die Erde ist als natürlicher Lebensraum des Menschen und aller Geschöpfe nicht beliebig verfügbares Eigentum der Menschheit. Hier müssen die Wege erst noch gefunden werden, wie die Freiheit zur Nutzung der natürlichen Ressourcen der Erde wirksam von der Verantwortung für den richtigen Gebrauch begrenzt wird. Der Grundsatz, daß Eigentum einer sozialen Ver-

pflichtung unterliegt, kann zwar in bestimmter Weise durch Steuern und Abgaben zur Geltung gebracht werden. Aber überall, wo bisher die natürliche Umwelt – Luft, Wasser, Erde – der unbegrenzt freien Nutzung offenstand, zeigt sich heute, daß die unbegrenzte und unkontrollierte Nutzung des Gemeinguts »Umwelt« zu schwerwiegendem Schaden für Mensch und Natur führt. Der Ruf nach einem neuen Verantwortungsbewußtsein muß noch viel mehr beachtet und in einer wirksamen Rahmengesetzgebung konkretisiert werden.

(138) Das wird an einem aktuellen Beispiel deutlich: Die großen und trotz notwendiger kritischer Anfragen vielversprechenden Entwicklungen in der Gentechnik haben die Frage neu aufgeworfen nach den Grenzen für die Begründung von eigentumsähnlichen Rechten wie dem Patentrecht, um das es in diesem speziellen Fall geht. Patente sollen den Patentinhaber entlohnen und Entdeckungen der Allgemeinheit zugänglich machen. Eine Patentierung von gentechnisch veränderten Pflanzen oder Tieren hat weitreichende Rückwirkungen auf die Lebensverhältnisse derjenigen Bereiche, die auf die Nutzung von Pflanzen und Tieren angewiesen sind. Dies gilt insbesondere für die Landwirtschaft hierzulande und für Ernährungssituation und Entwicklungsmöglichkeiten der Dritten Welt. Andererseits ist der Rechtsschutz für ökonomisch verwertbare Erkenntnisse unerläßlich. Hier kann es auf einem neu sich entwickelnden Gebiet zu Eigentumskonflikten kommen, die vorausschauender Regelung bedürfen.

f) Nächstenliebe

(139) Wirtschaftliches Handeln wird von Selbsterhaltung, Eigennutz und Gewinnstreben angetrieben. Es ist aber auch auf Maßstäbe des gemeinsamen Lebens angewiesen. Solche Maßstäbe lassen sich in der Perspektive des christlichen Glaubens auf das biblische Gebot der Nächstenliebe zurückführen. Nächstenliebe ist die Antwort auf Gottes zuvorkommende Liebe zu allen Menschen. Sie sucht das, was dem anderen nützt. In der Konsequenz der Nächstenliebe liegt es, Eigennutz in eine Ordnung der Gegenseitigkeit einzubinden.

(140) »»Du sollst den Herrn, deinen Gott, lieben von ganzem Herzen, von ganzer Seele und von ganzem Gemüt‹ (5. Mose 6,5). Dies ist das höchste und größte Gebot. Das andere aber ist dem gleich: ›Du sollst deinen Nächsten lieben wie dich selbst‹ (3. Mose 19,18). In diesen beiden Geboten hängt das ganze Gesetz und die Propheten« (Matth 22,37 ff.).

(141) In den folgenden Abschnitten soll das spannungsvolle Verhältnis von Eigennutz und Nächstenliebe diskutiert werden. Das biblische Gebot der Nächstenliebe gilt Juden wie Christen. Im evangelischen Verständnis gründet Nächstenliebe nicht in einer moralische Forderung. Die Liebe zum Nächsten »fließt« aus der unerschöpflichen Quelle (»Ressource«!) der Liebe Gottes. Wer als Christ im Glauben frei ist von der Sorge um sein eigenes Leben, kann freiwillig dem Nächsten dienen. Die christliche Freiheit zur Liebe gründet in dem unbegrenzten »Reichtum« der Gnade, die Gott dem Glaubenden in Christus schenkt. Darum hat das Gebot der Nächstenliebe nicht den Sinn, daß wir uns durch gute Werke der Liebe die Gnade Gottes verdienen könnten und sollten, um vor Gott gerecht zu werden. Nicht Knappheit der Quellen des Lebens, sondern gerade die Fülle des Lebens ist für den Glaubenden der Grund zur Liebe. Diese theologische Begründung der Nächstenliebe unterstreicht das Ziel des Gebots der Nächstenliebe, wie es jüdischem und christlichem Verständnis und darüber hinaus allgemeinem Verständnis gemeinsam ist: ein Handeln zu Nutzen und Hilfe des Nächsten. In dieser Zielrichtung liegt auch die praktische Bedeutung dieses Gebots für die Verantwortung in der Wirtschaft.

Martin Luther hat das so zusammengefaßt: »Ein Christenmensch lebt nicht in sich selber, sondern in Christus und in seinem Nächsten. In Christus durch den Glauben und im Nächsten durch die Liebe. Durch den Glauben fährt er über sich in Gott, aus Gott fährt er wieder unter sich durch die Liebe und bleibt doch immer in Gott und göttlicher Liebe« (Von der Freiheit eines Christenmenschen). Aber die Liebe ist nicht blind. Sie orientiert sich an dem, was dem Nächsten nützt und nötig ist. Ein wahrhaftiges Christenleben ist darauf gerichtet, was anderen nützlich ist.

(142) Das Gebot der Nächstenliebe erhält in dieser Auslegung sei-

nen praktisch-ethischen Sinn von dem her, was für das irdische Leben unter Bedingungen von Knappheit und Not nützlich und förderlich ist. Die vom Glauben erfüllte Liebe findet ihr Betätigungsfeld in der Sorge für den Nächsten, in dem, was dem Nächsten nützt und wessen er bedürftig ist. Vertrauen auf die Liebe Gottes ist keine illusionäre Vernebelung realer Knappheitsprobleme und materieller Bedürftigkeit und Interessen. Als moralische Forderung verstanden wird das Gebot der Nächstenliebe auf die durchaus begrenzten Ressourcen individueller Moral reduziert. Als Gebot Gottes verstanden, das der Liebe Gottes folgt, öffnet die Nächstenliebe die Augen dafür, daß niemand durch sich selbst allein leben kann und jeder für seine eigene Existenz auf andere angewiesen ist. Das Gebot der Nächstenliebe spricht den Menschen persönlich auf die Gemeinschaft mit dem Nächsten an. Es muß als »Liebe in Strukturen« auch in die Institutionen des gemeinsamen Lebens zugunsten der Schwächeren Eingang finden. Nächstenliebe soll dazu befähigen, in den mittelbaren Institutionen und Ordnungen, in denen die Menschen miteinander leben, zum Gelingen des Lebens beizutragen.

(143) Die Orientierung der Nächstenliebe an den Bedürfnissen anderer ist der Punkt, an dem sich das biblische Verständnis der Liebe mit der Intention der »Goldenen Regel« berührt. »Du sollst deinen Nächsten lieben wie dich selbst« – dem entspricht die Regel der gegenseitigen Rücksichtnahme: »Alles, was ihr wollt, daß euch die Leute tun sollen, das tut ihnen auch« (Matth 7,12). Die Regel kann dann auch lauten: »Liebe den anderen, er ist wie du.« In der Gegenseitigkeit des Aufeinanderangewiesenseins wird die Erfahrung konkret, daß keiner aus sich und durch sich selbst lebt. Auf der praktischen, empirischen Ebene entspricht das Liebesgebot einer pragmatischen Lebensregel, obwohl es sich nicht in Nützlichkeitserwägungen erschöpft.

(144) In der Realität des Alltags sind Nächstenliebe und Eigeninteresse miteinander verwoben. Dies zeigt sich schon in der Familie. Es gilt in unterschiedlicher Weise auf allen Ebenen des Gemeinwesens. In ökonomischen Beziehungen, in denen das soziale Aufeinanderangewiesensein keine unmittelbare Rolle spielt, muß die Frage eine ausdrückliche Rolle spielen: Wie kann verhindert werden, daß die Menschen einander schaden? Wenn jeder nur an sich selbst denkt, wie soll

dann das Zusammenleben der Menschen gelingen? Diese durchaus moralische Frage rechnet mit dem natürlichen Eigeninteresse der Menschen und mit der Knappheit der Güter zum Leben. Die Gegenseitigkeit des Aufeinanderangewiesenseins muß dann das Interesse an dem, was jedem einzelnen nützt, mit dem Interesse, das allen nützt, auszugleichen suchen.

Weil es das Interesse des Produzenten ist, seine Ware zu verkaufen, macht er das Interesse der Käufer an guter Ware zu seinem eigenen Interesse. In diesem Sinne dachte auch der erste große Theoretiker des Marktes, der Moralphilosoph Adam Smith (s. oben Ziffer 40). Auf diese Weise werden die unterschiedlichen Bedürfnisse und Interessen aller befriedigt. So kann der eine, indem er sein Interesse verfolgt, zugleich dem anderen nützen. Das Motiv des Handelns ist Eigeninteresse, nicht Nächstenliebe. Kaufhäuser, Banken und Wirtschaftsunternehmen sind keine Einrichtungen familiärer oder sozialer Fürsorge. Aber die Vorstellung vom freien Markt mit seinen Angeboten, wo jeder das bekommt, was seinem Interesse dient, wird ohne Regulative und ohne Ordnung im Namen des Gesamtinteresses nicht realisierbar. Die leitende Frage muß hier sein: Wie muß eine Ordnung der Wirtschaft beschaffen sein, die allen nützt und Schaden, der aus Eigensucht des einen für die anderen entsteht, verhindert?

(145) Die Spannungen zwischen dem, was das Gebot der Nächstenliebe besagt, und den Interessen, die das wirtschaftliche Handeln leiten, sind offenkundig und dürfen in keiner Weise verharmlost werden. Faktisch tritt wirtschaftliches Handeln oft in Widerspruch zum Gebot der Nächstenliebe. Aber es handelt sich um Spannungen, nicht um absolute Gegensätze. Christliche Verantwortung zielt auf ein wirtschaftliches Handeln, das mit dem Gebot der Nächstenliebe vereinbar bleibt.

Das Gebot der Nächstenliebe ist in der Bibel nicht bloß eine Angelegenheit der Gesinnung des einzelnen, sondern durchaus eine Richtungsangabe und eine Art inneres Ordnungsprinzip für die Gemeinschaft. Die Grundrichtung des Liebesgebotes ist eindeutig, trotz aller historischen Wandlungen von Weltsicht und Erfahrung. Die Zuwendung zum Nächsten, der der Hilfe des stellvertretenden Handelns bedarf, setzt sich über die Schranken formeller oder interessenorientierter Beziehungen der Menschen untereinander hinweg. Dafür steht das

Gleichnis vom barmherzigen Samariter. In der persönlichen Beziehung von Menschen zueinander, die uns als Nächste konkret begegnen, hat die Praxis der Nächstenliebe ein unerschöpfliches Feld der Betätigung.

Aber das Gebot der Nächstenliebe fordert auch dazu auf, akzeptierten oder eingefahrenen Sachgesetzlichkeiten und Nützlichkeitserwägungen nicht allein das Gesetz des Handelns zu überlassen. Das Liebesgebot verleiht dem, was unbefangene vernünftige Einsicht und humanes Empfinden als Tun des Guten nahelegen, die Kraft und den Impuls zum Tun des Guten. Das gilt gerade dann und dort, wo der Weg zu solchem Tun erst noch konkret gesucht und gebahnt oder auch erkämpft werden muß. Nächstenliebe als die Bereitschaft, vom anderen her zu denken, gebietet, nach institutionellen Regelungen und ökonomischen Strukturen zu suchen, die auch dem bedürftigen Nächsten als dem gesellschaftlich Schwächeren nützen, und Wege von der Hilfe zur Selbsthilfe zu bahnen.

(146) Der Ausgleich zwischen dem Interesse an Selbsterhaltung und der Rücksichtnahme auf andere kann in hochdifferenzierten Gesellschaften nicht einfach individueller Spontaneität und Bereitschaft überlassen bleiben. Hier setzt die Aufgabe von Ordnungen und rechtlichen wie gesetzlichen Vorgaben ein, die dem, worin die Menschen aufeinander angewiesen sind, eine bestimmte Richtung und Fassung geben. Das Gebot der Nächstenliebe steht nicht gegen solche gesetzlichen Regelungen. Es fordert und fördert sie vielmehr. Aufbau und Ausbau des Sozialstaates entsprechen seiner Grundrichtung. Nächstenliebe ist keineswegs wider die Vernunft; ihr Impuls kann aber die sozialstaatliche Praxis vor der Erstarrung in Gesetzen und Normen bewahren, deren bürokratische Regelungen auch verdecken können, was in einer konkreten Situation zu tun ist. Nächstenliebe kann nicht an den Gesetzgeber oder an die Verwaltung delegiert oder nur von Strukturen gefordert werden. Sie bleibt das Gebot persönlicher Verantwortung im Beruf, in Funktionen der Wirtschaft, Institutionen des Staates und Strukturen der Gesellschaft.

Die Spannung zwischen dem, was wirtschaftlich zweckmäßig ist, und dem, was die Nächstenliebe zu tun gebietet, bleibt bestehen. Stellt sie einen unüberwindbaren Gegensatz dar? Auf einige Kernpunkte der Diskussion soll hier exemplarisch eingegangen werden.

(147) Eine Frage lautet: Ist Nächstenliebe mit der Sorge für sich selbst vereinbar? Das biblische Gebot formuliert: Liebe deinen Nächsten wie dich selbst. Die »Selbstliebe« spielt als Selbstbejahung offenkundig eine wichtige Rolle für die Beantwortung der Frage, wessen der Nächste konkret und praktisch bedürftig ist. Das Wissen darum, wessen der andere bedarf, stammt in erster Linie aus dem Selbstbezug, also aus dem, was jeder für sich selbst für lebensnotwendig und nützlich hält.

Sorge für das eigene Leben (Selbsterhaltung) und Liebe zum Nächsten schließen sich keineswegs aus. Das zeigt schon die Verpflichtung zu personaler Verantwortung für Angehörige und Anvertraute. Eine solche Alternative entsteht nur, wenn man das Liebesgebot als abstraktes und theoretisches Programm mißversteht.

Wer im Sinne eines radikalen Altruismus allein für andere sorgen wollte, für dessen Lebenserhalt müßten wiederum andere Sorge tragen. Aber auch das Umgekehrte trifft zu: Uneingeschränkter Eigennutz und nackter Egoismus widersprechen der Grundstruktur menschlichen Lebens, daß keiner für sich allein leben kann. Statt der Entgegensetzung von Nächstenliebe und Selbsterhaltung müssen wir nach Formen des »intelligenten Eigennutzes« als »intelligenter Nächstenliebe« suchen, in denen sich Selbsterhaltung und Sorge für sich selbst mit Fürsorge für andere und Rücksicht auf das gemeinsame Leben verbinden.

(148) Eine andere Frage lautet: Ist das Verfolgen eigener Interessen mit Nächstenliebe überhaupt vereinbar?

Die Diskussion spitzt sich manchmal so zu: Wirtschaftsunternehmen und die übrigen am Wirtschaftsprozeß Beteiligten sind bestrebt, Gewinne zu machen; Gewinnstreben ist ihr vorrangiges Interesse; darum tun sie nur das, was ihrem eigenen wirtschaftlichen Interesse dient. Christen dagegen sollen zuerst an den anderen, an den bedürftigen Nächsten denken und für die Armen eintreten. In schlagwortartiger Zuspitzung: »Christentum« und »Kapitalismus« schließen sich gegenseitig aus. Der Vorwurf lautet, Gewinnstreben und Teilnahme am wirtschaftlichen Konkurrenzkampf seien unmoralisch. »Wirtschaft« und »Ethik« gelten als unvereinbare Gegensätze. Diese Auffassung begegnet mit anderen Vorzeichen auch bei Menschen, die in der Wirtschaft Verantwortung tragen. Sie neigen aus den gleichen

Gründen, die ihre Kritiker vorbringen, dazu, die harten Realitäten der Wirtschaft – Konkurrenz, Gewinn, Erfolg, Kampf um Marktbeherrschung – als einen Raum zu betrachten, in dem andere Gesetze herrschen und herrschen müssen als im übrigen Leben. Solche Urteile sitzen oft unausgesprochen mit am Tisch, wenn »Kirche« und »Wirtschaft« zu Gesprächen zusammenkommen.

Diese Art der Konfrontation und des Gegensatzdenkens muß von beiden Seiten her überwunden werden. Die in jüngster Zeit intensiv geführte Diskussion über Wirtschafts- und Unternehmensethik zeigt, daß in vielen Unternehmen die Sensibilität für die ethische Verantwortung wirtschaftlichen Handelns gewachsen ist. Die Fragestellungen werden differenzierter, wenn z. B. der Gewinn nach seinen Funktionen beurteilt wird: Steht die Vermehrung des Geldwerts als solche im Vordergrund, oder dient der Gewinn den Investitionen für die Zukunft von Unternehmen und Arbeitsplätzen und so indirekt dem Gemeinwohl?

(149) Die Auseinandersetzung um die Frage, ob es einen unausweichlichen strukturellen Gegensatz zwischen der marktwirtschaftlichen Wirtschaftsweise und dem Christentum gibt, wird schon seit dem Aufkommen der modernen Wirtschaftsweise geführt. Die Diskussion kann bei solchen pauschalen Entgegensetzungen nicht stehen bleiben. Das Konzept der Sozialen Marktwirtschaft ist daran ausgerichtet, die Rücksichtnahme auf die wirtschaftlich Schwächeren mit der Gewinnorientierung des wirtschaftlichen Systems zu vereinbaren. Statt von »Nächstenliebe« ist dabei von Solidarität und gegenseitigem Respekt vor der Würde des Menschen die Rede. Hinzu kommen muß heute die Bewahrung kultureller und natürlicher Bestände des Lebens. Bei der Umsetzung solcher Orientierungen in die wirtschaftliche Realität kommt es zu Spannungen in der Koordination der verschiedensten Interessen.

(150) Gewinnorientierung und Wettbewerb sind auch nach dem Selbstverständnis der Sozialen Marktwirtschaft nicht Sinn und Ziel des Wirtschaftens, sondern dem eigentlichen Ziel der Güterversorgung dienende Instrumente. Sie markieren eine spezifische Rationalität ökonomischen Handelns, die darauf ausgerichtet ist, angesichts der Knappheit von Gütern keine Ressourcen zu verschwenden. Darin unterscheidet sich »ökonomisches« von »unökonomischem« Han-

deln. Heute ist anzustreben, daß viele Güter bilanzierungsfähig werden, an denen die wirtschaftliche Rechnungsführung bisher noch vorbeigeht: Werte der natürlichen Umwelt oder des gemeinschaftlichen Lebens. Nur wem unerschöpfliche Ressourcen zur Verfügung stehen, kann sich unökonomisches, unrationelles Handeln leisten. Unter Bedingungen der Knappheit von Ressourcen muß der Aufwand der Leistung in einem angemessenen Verhältnis zum Nutzen stehen. Dann lautet die Frage: Wessen Nutzen?

Der Grundsatz liberaler Wirtschaftsauffassung lautet, daß jedermann seiner eigenen Fürsorge und Vorsorge anvertraut sei. Das ist auch das Gesetz unternehmerischen Handelns auf dem Markt. Dieser Grundsatz gilt jedoch nicht uneingeschränkt. Denn alle sind – in der Konsequenz desselben Gedankens – auch immer der gemeinsamen Sorge anvertraut. Die Verfolgung des ökonomischen Eigeninteresses setzt die »Ressource« gemeinsames Leben, einer allen Menschen gemeinsamen Welt voraus. Sie wird von allem, auch dem eigennützigsten Handeln in Anspruch genommen. Darum sind alle auch gefragt, was sie zu Erhalt und Erneuerung der gemeinsamen Welt beitragen. In dem Maße, in dem wir uns an den Grenzen solcher »Ressourcen« der Kultur, der Gesellschaft, der Natur bewegen, verliert das in sich konsequente Streben nach Optimierung des individuellen Nutzens seinen Sinn. Insofern ist es unvernünftig, ökonomisches Handeln allein am individuellen Nutzen zu orientieren. Verantwortung im Rahmen der »Ressourcen« des gemeinsamen Lebens führt deswegen zu der Frage nach dem Gemeinnutz oder Gemeinwohl.

g) Gerechtigkeit und Gemeinwohl

(151) Von der Gerechtigkeit sagt der Glaube, daß Gott sie dem Menschen widerfahren läßt. Gerechtigkeit unter Menschen herrscht, wenn die öffentlichen Angelegenheiten des gemeinsamen Lebens so bestellt sind, daß alle ihnen zustimmen können. Die Suche nach Gerechtigkeit muß immer neu unternommen werden.

(152) *»Gerechtigkeit erhöht ein Volk. Aber die Sünde ist der Leute Verderben« (Spr 14,34).»Es ströme aber das Recht wie Wasser und die Gerechtigkeit wie ein nie versiegender Bach« (Amos 5, 24). Gott »läßt seine Sonne aufgehen über Böse und Gute und läßt regnen über Gerechte und Ungerechte« (Matth 5,45).*

(153) Im Begriff der weltlichen Gerechtigkeit bündelt sich das Erbe ethischen Bewußtseins seit der Antike. In ihm verbinden sich humane Vernunft und christliche Ethik in einem unaufgebbaren Grundanliegen, das gerade im Blick auf Ordnung und Praxis der Wirtschaft einen wichtigen Stellenwert hat. Bisher war schon häufig von sozialer Gerechtigkeit die Rede. Dabei ging es nicht um absolute Maßstäbe, sondern um bestimmte Beziehungen von Menschen, z. B. als Arme und als Reiche, untereinander. Im einzelnen wird immer umstritten sein, worin genau die verteilende und zuteilende Gerechtigkeit unter jeweils gegebenen Bedingungen besteht. Ein viel behandeltes Beispiel dafür ist die Frage, ob es ein objektives Kriterium für den »gerechten Lohn« gibt. Die Tatsache, daß Lohnfragen in der Wirtschaft Gegenstand von Verhandlungen der Tarifpartner sind, zeigt schon, daß diese Frage nicht absolut und objektiv, ohne die Beteiligung derer, die es unmittelbar angeht, beantwortet werden kann. Was ist ein gerechter Preis? Worin Gerechtigkeit in solchen Fällen konkret besteht, das wird am ehesten über Verfahren bestimmt, an denen diejenigen, die es jeweils angeht, beteiligt sind.

(154) Von der weltlichen Gerechtigkeit wird in der theologischen Lehre die Gerechtigkeit, die vor Gott gilt, die Glaubensgerechtigkeit, klar unterschieden. Die Verkündigung der Gerechtigkeit aus Glauben allein ist das Kernstück reformatorischer Theologie: Die Rechtfertigung des Sünders wird von Gott in Jesus Christus allen geschenkt, die sich im Glauben und Vertrauen ganz auf ihn verlassen. Rechtfertigung, als diese Gerechtigkeit des sündigen Menschen vor Gott aus Glauben allein, ist deswegen an keine Bedingungen geknüpft, die zuvor vom ethischen Tun des Menschen erfüllt werden müssen. Der geistliche und theologische Sinn der Gerechtigkeit als Glaubensgerechtigkeit ist als solcher also nicht ein sozialethisches Programm oder eine ethische Sollensforderung, sondern hat die Bedeutung von Gnade, die die Gemeinschaft mit Gott schenkt.

Die weltliche Gerechtigkeit als soziale Gerechtigkeit unter Menschen rückt für das christliche Verständnis damit in eine bestimmte Perspektive: Die christliche Freiheit ist die Freiheit von der Sorge um die eigene Gerechtigkeit vor Gott. Sie befreit und leitet an zu tätiger Liebe. Von ihr ist bereits gesagt worden, daß Liebe als Nächstenliebe eine wegweisende Bedeutung für die humane Ethik innehat. Das gilt auch für den Umgang mit weltlicher Gerechtigkeit. Insofern gibt es einen unlösbaren inneren Zusammenhang zwischen der Glaubensgerechtigkeit und dem Verständnis und der Praxis sozialer Gerechtigkeit.

(155) Im christlichen Verständnis von Gerechtigkeit hat die Zuwendung zu den Armen und Benachteiligten immer einen höheren Rang eingenommen als der Ausgleich zwischen Gleichen. Im Lichte der Gerechtigkeit Gottes, die allen Menschen gilt, treten soziale Unterschiede in der Gemeinde ebenso wie zwischen den Menschen zurück hinter dem Gebot der konkreten Zuwendung zu den Bedürftigen. Die Suche nach Gerechtigkeit erhält von daher eine bestimmte und unverwechselbare Richtung. Der Einsatzpunkt der Suche nach Gerechtigkeit ist nicht das Anprangern von Ungerechtigkeit, sondern – in der Orientierung am Wohl der Armen – die Bereitschaft, denen gerecht zu werden, die der Hilfe und der Unterstützung bedürfen. Suche nach Gerechtigkeit ist eine Bewegung zu denjenigen, die als Arme und Machtlose am Rand des sozialen und wirtschaftlichen Lebens existieren und ihre Teilhabe und Teilnahme an der Gesellschaft nicht aus eigener Kraft verbessern können. Soziale Gerechtigkeit hat insofern völlig zu Recht den Charakter der Parteinahme für alle, die auf Unterstützung und Beistand angewiesen sind. Von dieser vorrangigen Ausrichtung wird die Suche nach Gerechtigkeit in christlichem Verständnis bewegt und bestimmt. Sie erschöpft sich nicht in der persönlichen Fürsorge für Benachteiligte, sondern zielt auf den Abbau der strukturellen Ursachen für den Mangel an Teilhabe und Teilnahme an gesellschaftlichen und wirtschaftlichen Prozessen.

Auch in einer Gesellschaft, in der die Grundbedürfnisse aller gedeckt wären, hat sich freilich die Frage nach Gerechtigkeit nicht erledigt. Die Teilhabe und Teilnahme an gesellschaftlichen und wirtschaftlichen Prozessen ist nicht bloß durch Armut eingeschränkt und behindert. Die Frage nach Gerechtigkeit hat es auch mit der Verteilung von Macht zu tun.

(156) Die Näherbestimmung von weltlicher Gerechtigkeit war von jeher strittig, wie schon die alte Unterscheidung von ausgleichender und austeilender Gerechtigkeit zeigt. Auch der Begriff der »sozialen« Gerechtigkeit klärt noch nicht den Inhalt von Gerechtigkeit. Denn was ist »sozial«? Es sind nicht nur die ökonomischen, politischen, kulturellen und religiösen Lebensverhältnisse zu verschieden, um ihnen aus einem einzigen Gesichtspunkt oder von einer einzigen Position her gerecht zu werden. Die gängige Formel »Jedem das Seine« ist ebenfalls ausdeutungsfähig und sehr allgemein. Denn das »Seine« kann ganz unterschiedlich interpretiert werden: Versteht man unter dem »Seinen« eine erworbene Position in der Gesellschaft, einen rechtmäßigen Anspruch, so kann man von Besitzstandsgerechtigkeit sprechen; die Berufung auf das »wohlerworbene« Recht kann dabei auch der Absicherung von Privilegien dienen. Leistungsgerechtigkeit bemißt sich hingegen an der im gesellschaftlichen Beitrag erbrachten persönlichen Leistung. Chancengleichheit fordert gleiche Ausgangsbedingungen für alle und die Überwindung von sozialen und rechtlichen Diskriminierungen. Bedürfnisgerechtigkeit macht die jedermann zustehenden Anrechte auf ein menschenwürdiges Dasein zum entscheidenden Maßstab. Verteilungsgerechtigkeit zielt auf qualitativ bzw. quantitativ möglichst gleiche Anteile an Gütern.

Angesichts der Vielfalt der Auffassungen von dem, was gerecht ist, liegt es nahe, Gerechtigkeit lediglich auf formale Gleichbehandlung zu beschränken. Verfahrensgerechtigkeit soll dann allen am Gesellschaftsund Wirtschaftsprozeß Beteiligten gleiche Behandlung und Chancen sichern. Gerechtigkeit entspräche dann dem Gebot der Fairneß. Jedoch reicht eine solche rein formale Auffassung von Gerechtigkeit nicht zu, so wichtig sie ist.

(157) Als eine Voraussetzung dafür, Entscheidungen als gerecht und fair zuzustimmen, wird daher aus gutem Grund gefordert, daß alle, die es angeht, an den Entscheidungen beteiligt sein sollen. Solche Beteiligungsgerechtigkeit (partizipative Gerechtigkeit) verbindet Verfahrensgerechtigkeit mit der Achtung der Freiheit der Beteiligten. In der Wirtschaft entspricht dieser Forderung das Konzept der Mitbestimmung. Aber auch wenn diejenigen, die es zunächst angeht, in der Suche nach gerechten Entscheidungen zusammenwirken – wie im Tarifvertrag oder in der betrieblichen Mitbestimmung –, ist noch nicht

gesagt, daß das, was sie entscheiden, allen und allem gerecht wird. Was den einen gerecht erscheint, kann von anderen als ungerecht empfunden werden. Deshalb muß es immer wieder zur Suche nach Gerechtigkeit kommen.

(158) Wenn Gerechtigkeit verlangt, der jeweiligen Anforderung, Situation, Person gerecht zu werden, und Gerechtigkeit ein Beziehungsbegriff ist, dann ist bei weltlicher Gerechtigkeit sowohl das Sachgerechte wie das Menschengerechte zu beachten. In der Wirtschaft ist sachgerecht, was dem fundamentalen Zweck von Wirtschaft, Gütererzeugung zur materiellen Daseinssicherung, gerecht wird. Was nicht sachgerecht ist, kann auch nicht menschengerecht sein. Jedoch garantiert Sachgerechtigkeit allein nicht das Menschengerechte, Menschendienliche. Was menschengerecht ist, ist anhand von Verträglichkeitskriterien zu beschreiben. Was sind Kriterien eines menschenwürdigen, mit dem menschlichen Zusammenleben verträglichen Wirtschaftens? Im Blick auf die Herausforderungen unserer Gegenwart (vgl. Teil I) haben drei solcher Verträglichkeitskriterien herausragende Bedeutung angenommen (s. noch unten Ziffer 184): die Verträglichkeit mit angemessenen Lebensbedingungen für alle Betroffenen (Sozialverträglichkeit), die Verträglichkeit mit den Lebensbedingungen in anderen Teilen der Welt (internationale Verträglichkeit) und die Verträglichkeit mit der Bewahrung der nichtmenschlichen Natur im Lebensraum der Erde (ökologische Verträglichkeit).

h) Die Macht der Sünde in der Übermacht des Ökonomischen

(159) Zur Sündhaftigkeit des Menschen gehört die Neigung, sich von materiellen Gütern des Lebens verführen zu lassen und ökonomische Gesichtspunkte absolut zu setzen. Gott die Ehre zu geben heißt, der Übermacht der Ökonomie zu widerstehen und legitimen Eigeninteressen ihr Maß zu geben.

(160) »Ihr könnt nicht Gott dienen und dem Mammon« (Matth 6, 24). »Wenn ihr alles getan habt, was euch befohlen ist, so sprecht: Wir sind unnütze Knechte; wir haben getan, was wir zu tun schuldig waren« (Lk 17,10).

(161) Es entspricht dem christlichen Menschenbild, vor der Realität der Sünde in allen menschlichen Angelegenheiten nicht die Augen zu verschließen. Die Sündhaftigkeit des Menschen zeitigt überall ihre Wirkungen – in Bosheit, Habsucht, Geiz, Diebstahl, Erpressung, Ausbeutung. Sie greift tief in die Strukturen des sozialen Lebens ein. Die Ursache der Sünde zu heilen ist nach christlicher Überzeugung menschlichen Ordnungen und Gesetzen nicht gegeben. Aber die Auswirkungen der Sündhaftigkeit des Menschen zu begrenzen, zu bekämpfen und zu hindern und ihnen mit dem Tun des Guten entgegenzutreten – dazu ruft der Glaube die Vernunft und Klugheit des Menschen auf.

(162) Menschen unterliegen immer wieder der Versuchung, den Sinn des Lebens in der Befriedigung materieller Bedürfnisse aufgehen zu lassen. Der Wunsch, bestimmte Dinge besitzen zu wollen, weil sie z. B., ungeachtet ihres tatsächlichen Nutzens, als Statussymbole angepriesen werden, verführt dazu, den Erwerb solcher Güter als lebensnotwendig anzustreben und von ihnen Lebensgewinn zu erwarten. Von der Ökonomie wird mehr erwartet, als sie geben kann; sie soll den Sinn des Lebens gewährleisten. Sie wird zur Religion. Dagegen richtet sich die Mahnung Jesu: »Ihr könnt nicht Gott dienen und dem Mammon« (Matth 6,24). Was die Bibel »Götzendienst« nennt und woran die biblische Geschichte vom »Tanz um das Goldene Kalb« (2. Mose 32, 1–6) erinnert, hält die Warnung vor der Übermacht des Ökonomischen lebendig.

Vergötzung der Wirtschaft kann auch in Formen gesellschaftlicher Prioritätensetzung gekleidet auftreten: Wo der Konkurrenzfähigkeit auf dem Weltmarkt unbedingter Vorrang vor der Rücksicht auf soziale und ökologische Verträglichkeit zugemessen wird, wo Exporte von Rüstungsgütern gefördert und durchgeführt werden ohne Rücksicht auf die Verschärfung von Konflikten, wo ökologische Auflagen bewußt umgangen und Entscheidungen zur Schonung der natürlichen Umwelt zugunsten kurzfristiger Interessen gezielt verzögert werden, wird der ökonomische Erfolg zur Allmacht, dem Opfer dargebracht werden.

(163) Auch die von Menschen geschaffenen Wirtschaftsstrukturen und Ordnungssysteme sind immer ambivalent. In den sozialistischen Staaten wurde die Verwirklichung einer idealen Gesellschaftsvision

zum Staatsprogramm erhoben. Die sozialistischen Wirtschaftssysteme konnten ihr Glücksversprechen einer klassenlosen Gesellschaft nicht einlösen und haben ihm Menschenleben und Freiheit geopfert. Nüchterne Einsicht in die Grenzen des ökonomisch Machbaren steht auch Erwartungen an die Soziale Marktwirtschaft entgegen, die nun von diesem ökonomischen System allseitige Vollkommenheit in Überfluß und Reichtum, eine Art säkulares »Reich Gottes« erhoffen. Die Soziale Marktwirtschaft ist kein Weg, um Visionen einer vollkommenen Gesellschaft einzulösen, die den planwirtschaftlichen Sozialismus zum Scheitern geführt haben. Die Vermeidung eines Irrweges – und darum geht es zunächst im Vergleich zwischen der Sozialen Marktwirtschaft und dem planwirtschaftlichen Sozialismus – ist als solche noch keine Garantie dafür, auf dem richtigen Wege zu sein. Die Ordnung der Sozialen Marktwirtschaft bietet, realistisch betrachtet, die Möglichkeit zu ständigen Verbesserungen.

(164) Wirtschaftliche Leistung und wirtschaftlicher Erfolg, so wichtig sie für Gemeinwohl und soziale Gerechtigkeit sind, sind kein letzter Wert, an dem allein Menschen gemessen werden könnten. Kriterien der Leistung und des Erfolges haben ihre Bedeutung für Aufgaben, die in wirtschaftlichem Handeln gelöst werden sollen. Sie dürfen nicht zur Verachtung der schwachen und hilfsbedürftigen Menschen führen, nur weil sie für das System ökonomischer Effizienz untauglich sind. Daß auch sie Anrecht auf einen anerkannten gesellschaftlichen Platz haben, ist darum nicht eine überflüssige Zugabe zum Leistungssystem der Ökonomie, sondern ein wohlbegründeter Anspruch an deren Effizienz und eine dauerhafte Verpflichtung des Sozialstaates. Daß vor Gott alle Menschen gleich sind – als Sünder wie als von Gott Geliebte –, soll ganz reale Konsequenzen für solidarisches Verhalten über Leistung und Erfolg hinaus haben.

Dies gewinnt besondere Bedeutung für die Frage, wie Christen mit der ausländischen Bevölkerung umgehen. Es waren zumeist wirtschaftliche Interessen, die sie in unser Land geholt haben; auch nach langem Aufenthalt werden diese Ausländer noch weithin nach der Nützlichkeit auf dem Arbeitsmarkt beurteilt. Trotz erwiesener produktiver Leistungen und gleicher wirtschaftlicher, sozialer und finanzieller Verpflichtungen sind sie noch weithin aus dem gesellschaftlichen Leben ausgeschlossen oder nur am Rande geduldet. Sie haben weniger allgemeine Rechte, weniger berufliche Chancen und weniger gesellschaftliche Anerkennung und sind spürbarer Ausländerfeindlichkeit ausgesetzt. Hier haben Christen die Aufgabe, sich ihnen zur Seite zu stellen, Ungerechtigkeiten abzuwehren und ihnen das Leben in unserer Gesellschaft zu erleichtern.

i) Die christliche Hoffnung und die Freiheit von der Sorge

(165) Materielle Güter gewährleisten als solche noch nicht das gute Leben. Im Vertrauen auf die Verheißungen Gottes, die alle Möglichkeiten menschlichen Erwerbens und Handelns übersteigen, lebt die Freiheit von der Sorge um das materielle Dasein. Diese Freiheit kann im frei gewählten Verzicht exemplarisch Gestalt annehmen.

(166) *»Was hülfe es dem Menschen, wenn er die ganze Welt gewönne und nähme doch Schaden an seiner Seele?« (Mk 8,36) »Was ihr getan habt einem von diesen meinen geringsten Brüdern, das habt ihr mir getan« (Matth 25,40).*

(167) Alles, was von den biblischen Motiven und Richtungsimpulsen her über christliche Verantwortung in der Wirtschaft ausgeführt worden ist, steht unter dem Vorzeichen der Vorläufigkeit. Keine Wirtschaftsordnung kann den Anspruch erheben, für alle kommenden Zeiten letztgültig und zeit- und situationsunabhängig verbindlich zu sein. Verantwortung in der Wirtschaft bedeutet vielmehr immer die Verpflichtung zu konkreter Rechenschaft über Tun und Lassen und über dessen Folgen für die Mitmenschen und die Mitwelt. Die Kirche, der die Botschaft vom kommenden Reich Gottes zu verkündigen aufgetragen ist, muß darum über alle Mitverantwortung von Christen in den menschlichen Angelegenheiten hinaus die Unterscheidung wachhalten zwischen dem Guten, das wir allein von Gott erwarten, und dem Tun des Guten, zu dem wir in konkreter Verantwortung in der Welt gerufen sind.

(168) In unserer Situation einer ökonomisch hochentwickelten Gesellschaft hat es einen guten Sinn, wenn angesichts des historisch ein-

zigartigen Wohlstandes wie seiner problemreichen Folgen die Fähigkeit zum Verzicht neu belebt wird. Damit ist nicht der rechtliche Zwang zum Verzicht gemeint, wie er dem einzelnen z. B. durch die Steuergesetzgebung auferlegt wird. Der aus Einsicht und Besinnung bejahte und frei gewählte materielle Verzicht kann einen Gewinn an Lebensqualität bedeuten: um den Kopf freizuhalten und Übersicht zu gewinnen für die wirklich lebensnotwendigen Fragen, die durch Angebote unmittelbaren Wohlergehens und kurzsichtiger Genüsse von Gütern aller Art verstellt werden. Frei gewählter Verzicht kann das Leben für den einzelnen und in der Gemeinschaft leichter machen; er kann von Zwängen des Erfolgs und des Konsums befreien, welche die begrenzte Zeit des Lebens überall besetzen und in Beschlag nehmen. Das ist aber nicht nur eine Frage an den einzelnen, sondern auch an die Kultur der Gesellschaft, an die Gruppen und Verbände, in denen wir unser Leben führen, und damit an die Werte und die Rangordnung, die ihnen beigemessen wird. Im Vordergrund stehen dabei nicht Erwartungen an andere, sondern an uns selbst.

In diesem Zusammenhang verdienen Gruppen und Kommunitäten Beachtung und Unterstützung, die vor allem nach dem Zweiten Weltkrieg entstanden sind. Sie haben zwar unterschiedliche Lebens- und Gestaltungsformen, aber gemeinsam ist ihnen, daß sie die gegenwärtige Überfluß- und Konsumgesellschaft in Frage stellen. Sie haben Formen eines alternativen und einfachen Lebensstils entwickelt, zum Teil auf der Basis der Gütergemeinschaft. Von ihnen können Impulse und Anregungen ausgehen, die nicht nur zur Erneuerung der Kirche beitragen, sondern auch Maßstäbe für einen veränderten Umgang mit den anvertrauten Gütern dieser Erde setzen.

(169) Gegen die an der Bibel ausgerichtete Mahnung zum Verzicht wird heute nicht ohne Grund eingewandt, so könnten nur diejenigen sprechen, die weit über das Lebensnotwendige hinaus über materielle Güter verfügen können. Aus der Situation absoluten Mangels heraus, wie sie in vielen Ländern der Dritten Welt den Alltag von Menschen bestimmt, muß die Mahnung zu freiwilliger Begrenzung materiellen Strebens als zynisch erscheinen. Verzicht, so wird gesagt, kann nur predigen, wer genügend hat, worauf er auch verzichten könnte. Sehr vielen Menschen auf der Erde wird, vielleicht sogar für mehrere Generationen, ein ungeheurer Verzicht abverlangt; sie neh-

men am Wirtschaftskreislauf nicht teil, weder als Produzenten noch als Konsumenten, und werden in ihrer eigenen Gesellschaft als überflüssig betrachtet. Ihnen fehlt die elementarste Grundversorgung. Dieser unfreiwillige, erzwungene Verzicht darf auf keinen Fall mit frommem Schein umgeben werden. Weil nach christlichem Verständnis die Würde der Person vor Gott gerade den Ärmsten der Armen zugehört und in Gottes Augen unabhängig von allem Besitz gilt, dürfen die krassen Unterschiede in der Welt zwischen materiellem Wohlstand und Armut nicht durch eine Verzichtsideologie geschönt werden. Sie sind vielmehr eine große Herausforderung an die Struktur der Weltwirtschaft und an unser Verhältnis zum eigenen Wohlstand.

(170) Askese und Verzicht sind keine Heilbringer; sie machen keine besseren oder Gott wohlgefälligeren Menschen. Der vernünftige Sinn frei gewählten Verzichts auf materielle Güter muß insoweit von religiöser Ideologie und Heilsansprüchen frei gehalten werden. Was der Mensch allein von Gott empfangen kann, das kann er auch nicht durch Askese und Verzicht selbst erwerben. Aber die Verantwortung im Umgang mit dem Erzeugen und Verbrauchen von materiellen Gütern kann sich nur ausbilden, wo gegenüber diesen Gütern eine geistlich und ethisch reflektierte Unabhängigkeit gewahrt wird.

(171) Keine Wirtschaftsordnung enthebt uns – als sei sie als solche schon völlig in Ordnung – der ständigen Prüfung der Verantwortung. Jeder, der wirtschaftlich handelt – sei es als Unternehmer und Produzent, als Arbeitnehmer und Konsument –, wird einmal Rechenschaft ablegen müssen. Niemand kann sagen, es sei ihm letztlich gleichgültig, was dabei an Menschendienlichem herauskommt, und er wirtschafte nur für den heutigen Tag. Genauso gilt für Christen, daß keine Wirtschaftsordnung an absoluten Kriterien der Vollkommenheit und der Lösung aller Aufgaben und Probleme gemessen werden soll, als sollte sie Vorstufe und Anwartschaft des Reiches Gottes sein.

Wirtschaftliches Handeln ist korrekturbedürftig und muß für Korrekturen offen gehalten werden. Deswegen sollen nach christlicher Überzeugung Auseinandersetzungen über den richtigen Weg wirtschaftlichen Handelns auch nicht als Glaubenskriege geführt werden, sondern in pragmatischer Nüchternheit. Impulse der Erneuerung wie der Korrektur folgen aus der Bereitschaft, wirtschaftliches Handeln, seine Struktur und seine Ordnungselemente im Rahmen seiner Zwecke an den jeweils Schwachen und Geringsten zu messen. An diesem Maßstab werden einst alle Menschen im Angesichte Gottes gemessen.

Teil IV:
Ergebnisse, Folgerungen, Perspektiven

(172) Die vorliegende Denkschrift hat sich die Aufgabe gestellt, im Blick auf das wirtschaftliche Handeln eine Ortsbestimmung aus evangelischer Sicht vorzunehmen. Ihre Leitfragen lauteten: Wird der marktwirtschaftliche Weg, der in der Bundesrepublik Deutschland als Soziale Marktwirtschaft gegangen wird, den Anforderungen gerecht, die über die ökonomische Effizienz hinaus an ihn gestellt werden müssen? Können Christen ihm zustimmen? Ist die Soziale Marktwirtschaft auch auf längere Sicht überlebensfähig? Die Antwort umfaßt drei Gesichtspunkte:

Die Soziale Marktwirtschaft hat sich in der Bundesrepublik Deutschland in über 40 Jahren prinzipiell bewährt. Sie erlaubt ein sachgerechtes und zugleich menschengerechtes wirtschaftliches Handeln. Unter den Bedingungen der endlichen Welt und ihrer Widersprüche kann es freilich auch im wirtschaftlichen Bereich in den konkreten Einzelfragen keine Patentlösungen geben. Schon deshalb bleibt die Soziale Marktwirtschaft in der Bundesrepublik Deutschland eine verbesserungsbedürftige Ordnung. Christen können dem Weg der Sozialen Marktwirtschaft grundsätzlich zustimmen, weil er zu der von ihrem Glauben gewiesenen Richtung des Tuns nicht in Widerspruch tritt, vielmehr Chancen eröffnet, den Impulsen der Nächstenliebe und der Gerechtigkeit zu folgen.

Die Zukunftsfähigkeit des marktwirtschaftlichen Weges hängt allerdings daran, daß die dringlichen Herausforderungen der Gegenwart erkannt und, den Impulsen der Nächstenliebe und der Gerechtigkeit folgend, die nötigen Kurskorrekturen vorgenommen werden. Ob eine bestimmte marktwirtschaftliche Praxis zukunftsfähig ist, entscheidet sich daran,

- ob sie der weiteren Zerstörung der natürlichen Grundlagen des Lebens Einhalt gebieten und ein Einverständnis zwischen Mensch und Natur bewahren kann,
- ob sie auf der globalen Ebene ihren Einfluß zugunsten einer gerechteren Gestaltung der Weltwirtschaft geltend macht,
- ob sie auf der nationalen Ebene vor dem Maßstab der sozialen Gerechtigkeit standzuhalten vermag und
- ob sie sich mit der Grundentscheidung für eine demokratische, somit von den Bürgerinnen und Bürgern selbst bestimmte Ordnung des Gemeinwesens als verträglich erweist.

Die Soziale Marktwirtschaft muß sich angesichts der bedrängenden Herausforderungen der Gegenwart und der mit ihnen verbundenen Gefahren als ein zukunftsfähiger Weg wirtschaftlichen Handelns bewähren. Sie wird das um so eher tun, je entschiedener ein Denken in falschen Alternativen überwunden wird.

In den vergangenen Jahrzehnten hat sich die Soziale Marktwirtschaft in der Bundesrepublik Deutschland immer wieder als verbesserungsfähig gezeigt. Sie ist als ein dynamischer Prozeß angelegt, der auf fortwährende Kurskorrekturen angewiesen ist, und versteht sich deshalb prinzipiell als verbesserungsbedürftig. Dies schafft günstige Voraussetzungen, die gegenwärtigen Herausforderungen zu bestehen. Wie auch die abschließenden Überlegungen zeigen werden, geht es bei der »Verbesserung« und den »Kurskorrekturen« der Sozialen Marktwirtschaft vor allem darum, die Wirtschaftsordnung durch entsprechende politische Vorgaben stärker auf die Herausforderungen einzustellen, die es zu bewältigen gilt. Fortentwicklung der Sozialen Marktwirtschaft ist darum wesentlich auf die Handlungsfähigkeit und Handlungsbereitschaft der Politik angewiesen, national und mehr noch international. Handlungsfähigkeit und Handlungsbereitschaft der Politik aber werden in der Demokratie entscheidend durch Einstellungen und Verhaltensweisen aller Bürger bestimmt. So sind in doppeltem Sinne Forderungen an uns alle gestellt: zum einen, weil wir alle in vielfältiger Weise am Prozeß des marktwirtschaftlichen Geschehens mitwirken, zum anderen, weil wir Bürger eines demokratischen Gemeinwesens sind.

1. Den Dialog über den richtigen Weg befördern – falsche Alternativen überwinden

(173) Die weltweit geführten Debatten über den richtigen Weg wirtschaftlichen Handelns zeigen deutlich, daß es weder Pauschallösungen noch Patentrezepte gibt, die unterschiedslos angewendet werden können. Es ist eine wichtige Aufgabe der christlichen Kirchen, zur Versachlichung des Dialogs beizutragen, international den Austausch von Erfahrungen zu befördern und dabei für die elementaren wirtschaftlichen Belange der Menschen sowie für die langfristigen Überlebensbedingungen des Naturhaushalts einzutreten. Konfessionen und Weltreligionen haben die wirtschaftlichen Überzeugungen und Handlungsweisen der Bevölkerung in den verschiedenen Regionen der Erde direkt oder indirekt beeinflußt. Deshalb tragen gerade die Kirchen und die Vertreter der Weltreligionen ein hohes Maß an Mitverantwortung im Blick auf die Lösung regionaler und weltwirtschaftlicher Aufgaben. Niemand – auch die Kirche nicht – kann heute von einer hohen Warte ökonomischer oder ethischer Kompetenz andere belehren oder gar bevormunden. Vielmehr soll die Bereitschaft zum verbindlichen Dialog zwischen den verantwortlichen Gruppen bestärkt und der gemeinsame Lernprozeß im eigenen Land und in der internationalen Gemeinschaft mit langem Atem weitergeführt werden.

(174) Entscheidend wird es darauf ankommen, das Denken in falschen Alternativen zu überwinden. Das Denken in Alternativen kann konstruktiv sein. Immer wieder treten Entscheidungssituationen ein, in denen nicht mehrere Handlungsmöglichkeiten gleichberechtigt nebeneinander stehen, sondern nur eine Wahl zwischen klar konturierten, sich gegenseitig ausschließenden Optionen getroffen werden kann. Es gibt aber auch falsche Alternativen. In diesem Fall bestehen die Alternativen nur scheinbar und bezeichnen, genau gesehen, verschiedene Wahrheitsmomente der anstehenden Entscheidung. Falsche Alternativen sind immer eine schwere Belastung der Diskussion. Sie führen vor allem dann in die Irre, wenn sie konkrete Einzel- und Teilentscheidungen vorschnell mit dem Gewicht einer Grundsatzentscheidung belasten und dadurch zur Einseitigkeit verleiten. Die Auf-

lösung falscher Alternativen schafft überhaupt erst die Voraussetzungen dafür, daß über die tatsächlichen Probleme und Entscheidungen gestritten werden kann.

(175) Eine solche Bereinigung und Klärung ist auch im Blick auf die
Diskussion über ein zukunftsfähiges wirtschaftliches Handeln unerläßlich. In der Einleitung war schon davon die Rede, daß im Schatten
der politischen Konkurrenz der Systeme jahrzehntelang eine un-
fruchtbare Diskussion in der Alternative »Kapitalismus oder Sozialismus« geführt wurde. Diese falsche Alternative macht sich noch immer bemerkbar. Aber damit wird ein Gegensatz beschworen, der in
dieser idealtypischen Form allenfalls in der Vergangenheit bestanden
hat und für die heute anstehenden konkreten Entscheidungen ohne
Bedeutung ist.

Die Länder und Gesellschaftsordnungen, die gegenwärtig dem
»Kapitalismus« zugerechnet werden, weisen untereinander erhebliche, durchaus kritisch zu betrachtende Unterschiede auf: Dies gilt
schon für den europäischen Raum (z. B. Großbritannien, Schweden,
Österreich, Bundesrepublik Deutschland); es gilt noch mehr in einer
globalen Betrachtungsweise (USA, Japan, Südkorea). Ein »Kapitalismus«, der Wirtschaft und Gesellschaft allein den Kräften des Marktes
überläßt, wird jedenfalls in der Bundesrepublik Deutschland und in
der EG aber von niemandem ernsthaft in Betracht gezogen. Überall
dreht sich der Streit um das förderliche Verhältnis zwischen Markt-
kräften und staatlicher Rahmensetzung. Das Stichwort »Kapitalismus« suggeriert in polemischer Absicht eine wesensmäßige Gleichheit
zwischen dem Frühkapitalismus des 19. Jahrhunderts und gegenwärtigen marktwirtschaftlichen Wirtschaftsordnungen. Diese Gleichset-
zung führt aber – bei aller notwendigen Kritik an verschiedenen Ausprägungen und Auswirkungen gegenwärtiger marktwirtschaftlicher
Praxis (s. schon oben Ziffer 66 + 85) – in die Irre; nicht einmal die
kritischen Prognosen über den Frühkapitalismus des 19. Jahrhunderts haben sich erfüllt.

Genau so wenig wie das Stichwort »Kapitalismus« taugt das Stichwort »Sozialismus«. Unklar bleibt schon, was mit »Sozialismus« des
näheren gemeint ist. Der Sozialismus leninistischer Prägung hat in
der Vergangenheit dazu geführt, daß »Sozialismus« mit einer Verge-
sellschaftung der Produktionsmittel und einer auf zentrale Planung

und Lenkung abgestellten Wirtschaftsordnung identifiziert wurde. Von ganz anderem Zuschnitt ist das Konzept des »demokratischen Sozialismus«, wie es in der SPD vertreten wird. Ohne Zweifel ist »Sozialismus« als Leitbegriff einer auf das Gemeinwohl und den Schutz der Schwachen ausgerichteten Gesellschaft und Politik ein traditionsreicher Gedanke. Aber wer in dieser Tradition denkt, steht heute vor dem Befund, daß es gerade die im Sinne einer Sozialen Marktwirtschaft, also in gewisser Weise »kapitalistisch« organisierten Gesellschaften sind, die der Zielvorstellung noch am nächsten kommen. Die Probleme der Gegenwart lassen sich in der Alternative »Kapitalismus oder Sozialismus« nicht mehr sinnvoll erörtern und angehen.

(176) Auch in anderen Hinsichten verirrt sich die Diskussion häufig in falschen Alternativen. So wird immer wieder gefragt, ob im Zweifel ökonomische oder ökologische Gesichtspunkte den Ausschlag geben sollen. Diese Frage kann im konkreten Falle durchaus berechtigt, ja unausweichlich sein, etwa bei Straßenbauten oder bei der Stillegung von Betrieben, die ihre Umwelt akut gefährden. Aber eine grundsätzliche Alternative zwischen Ökonomie und Ökologie gibt es – langfristig und gesamtwirtschaftlich betrachtet – nicht. Dabei ist es nicht einmal nötig, darauf zu verweisen, daß jede Ökonomie schließlich zugrunde gehen muß, wenn sie ihre ökologischen Grundlagen zerstört. In vielen Bereichen läßt sich nachweisen, daß es ökonomische Fehlleistungen und Fehlentscheidungen sind, die ökologische Schäden verursachen. Ein Musterbeispiel dafür ist die Landwirtschaft (s. schon oben Ziffer 65). Die Bauern in der EG sehen sich in der Zwangslage, mit dem Einsatz von viel Chemie und Energie das Letzte aus ihren Böden herauszuholen. Anders können sie nicht überleben. Die extreme Intensivierung der Landbebauung, die sich daraus ergibt, erweist sich aber ökonomisch als viel zu teuer und ökologisch als extrem schädlich. Die ökonomischen Kosten und der ökologische Schaden sind beide eine Folge derselben verfehlten Agrarpolitik. Langfristig ist nur das ökonomisch sinnvoll, was auch ökologisch verantwortet werden kann. Notwendig ist deshalb in der Agrarpolitik

- die Begrenzung des Einsatzes von mineralischem Dünger, chemischen und pharmazeutischen Präparaten,
- die fortschreitende Bevorzugung naturgemäßer, umweltfreundlicher Anbau- und Pflanzenschutzverfahren,
- standortangepaßte Anbausysteme mit geringem Energiebedarf,
- die Schaffung der Voraussetzungen für den rentablen Betrieb extensiverer Formen der Landbebauung,
- eine größere Nutzung der Möglichkeiten für eine intensive und dennoch umweltschonende Landbewirtschaftung und
- die Förderung eines Netzes von naturnahen Biotopen durch entsprechende Anreize und Verordnungen.

Entsprechendes gilt für das Verkehrswesen. Die Verlagerung des Verkehrs, vor allem des Güterverkehrs, von der Schiene auf die Straße führt zu gewaltigen Kosten beim Straßenbau, bei der Straßenunterhaltung und -reparatur und für Verkehrspolizei und Notdienste; sie trägt aber auch zum Defizit der Bundesbahn bei, das die Steuerzahler zu decken haben. Gleichzeitig bewirkt diese Verlagerung die Zerstückelung der Landschaft durch immer neue Straßen und erzeugt Lärm und Abgase, die zunehmend die Gesundheit von Menschen, Tieren und Pflanzen beeinträchtigen. Der Verkehrsinfarkt, der die gegenwärtige Art von Verkehr immer häufiger ad absurdum führt, verstärkt die ökonomischen und ökologischen Schäden. Aufgabe einer neuen Verkehrspolitik müßte es sein, alle erfaßbaren externalisierten Kosten der Verkehrssysteme zu internalisieren, für die einzelnen Verkehrsträger – z. B. durch Einführung der Trennungsrechnung für Netz und Betrieb beim Schienenverkehr – gleiche Wettbewerbschancen zu schaffen und so mit den ökonomischen Lasten die ökologische Zerstörung zu mindern.

In Fällen wie diesen geht es also im Verhältnis von Ökonomie und Ökologie nicht um eine alternative Entscheidung, nicht einmal um eine Güterabwägung, sondern darum, mit dem ökonomisch Vernünftigen das ökologisch Richtige zu tun. Dies allerdings muß regelmäßig gegen mächtige ökonomische Partikularinteressen und festverwurzelte Lebensgewohnheiten durchgesetzt werden und ist in der Regel mit einem tiefgreifenden Strukturwandel verbunden.

(177) Zu den falschen und darum unfruchtbaren Alternativen

zählt auch die Frage, ob Wirtschaftswachstum, also der Zuwachs des statistisch errechneten Bruttosozialprodukts, gut oder schlecht sei. Fragt man Befürworter des Wachstums, ob sie sich wünschten, daß der Aufwand für Verpackung und damit die Müll-Lawine weiter anwachsen, so antworten sie meist mit einem klaren Nein. Fragt man Gegner des Wachstums, ob sie für einen Ausbau der öffentlichen Nahverkehrssysteme oder der Recycling-Wirtschaft einträten, so antworten sie ebenso klar mit Ja. Es kommt also darauf an, was wächst. Über diese Frage und damit über die Identifizierung neuer Kriterien und Indikatoren für wirtschaftliches Wachstum lohnt sich die Debatte. Die Entscheidung für ein bestimmtes, inhaltlich qualifiziertes Wachstum macht es dann in jedem Fall auch nötig, Rahmenbedingungen für den Markt durchzusetzen, unter denen das gewünschte Wachstum, etwa der Nahverkehrssysteme im Gegenüber zum individuellen Autoverkehr, und die entsprechende Schrumpfung überhaupt möglich werden. Das Nettoergebnis solcher gesellschaftlich erwünschter und geförderter Wachstums- und Schrumpfungsprozesse kann auch, in Marktwerten gemessen, ein Rückgang des Sozialprodukts sein. Positive globale Wachtumsraten sind unter den beschriebenen Voraussetzungen nicht mehr – wie noch im Gesetz zur Förderung von Stabilität und Wachstum niedergelegt – ein uneingeschränktes Ziel der Wirtschaftspolitik.

(178) Das Plädoyer für die Überwindung falscher Alternativen darf nicht mißdeutet werden. Der Weg der wirtschaftlichen Entwicklung führt auch an Wegkreuzungen, die zu harten, unausweichlichen Entscheidungen nötigen. So macht die wachsende Einsicht in das Ausmaß der Klimagefährdung deutlich, daß die Fortsetzung des bisherigen Weges der Energieverschwendung und zumal des hohen CO_2-Ausstoßes in eine Katastrophe münden kann und darum eine Richtungsänderung dringend geboten ist (s. noch unten Ziffer 182 + 185). Die öffentliche Debatte über solche Richtungsentscheidungen muß noch viel intensiver als bisher werden, damit die erforderlichen politischen Schritte vorbereitet und möglich gemacht werden.

2. Die Ebenen der Verantwortung beachten

(179) In der Gemengelage von ökonomischen Analysen, ethischen Werturteilen und praktischen Handlungsforderungen ist es notwendig, verschiedene Ebenen der Verantwortung zu unterscheiden. Damit wird ein Gedanke aufgenommen, der in der Klärung ethischer Perspektiven vorbereitet und dargestellt worden ist (s. oben Ziffer 98 ff.). Die Unterscheidung der Ebenen der Verantwortung erlaubt ein klareres Bild davon, wie den Herausforderungen an die Zukunftsfähigkeit wirtschaftlichen Handelns begegnet werden kann und muß:

- Verantwortungsbewußtsein bildet sich im Kontext der Kultur. Wirtschaft und Politik, die ihrerseits in hohem Maße kulturprägend sind, sind zugleich in sie eingebunden und beziehen aus ihr die grundlegenden Orientierungen. Auf dieser kulturellen Ebene müssen weittragende Veränderungen der bestimmenden Weltsicht vorbereitet und ausgebildet werden.
- Verantwortungsbewußtsein konkretisiert sich in institutionellen Ordnungen, die ein koordiniertes wirtschaftliches Handeln ermöglichen und steuern und der freien wirtschaftlichen Betätigung eine bestimmte Richtung geben. Auf dieser strukturellen Ebene müssen heute Umsteuerungen vorgenommen und neue Akzentsetzungen initiiert werden.
- Verantwortungsbewußtsein ist von jedem Bürger im Blick auf sein eigenes wirtschaftliches Handeln gefordert. Auf dieser individuellen Ebene muß heute die Bereitschaft zum Engagement und zur Übernahme persönlicher Verpflichtungen, die bei vielen bereits lebendig ist, ermutigt und gestärkt werden.

a) Umorientierung der Zivilisation

(180) Auch in ihrem wirtschaftlichen Handeln sind die Menschen von Zielen und Wertvorstellungen geleitet. Diese Ziele und Wertvorstellungen sind kulturell geprägt. Was sind die Lebensziele der Menschen in reichen Industrieländern wie der Bundesrepublik Deutsch-

land? Zunehmend läßt sich feststellen, daß das wirtschaftliche Handeln und sein Erfolg selbst zum Inhalt des Lebens werden. Aber das Leben ist mehr als Ökonomie. Darum muß einer vollständigen Ökonomisierung des Lebens widerstanden werden (s. schon oben Ziffer 159 ff.). Der Mensch ist mehr als das, was er wirtschaftlich leistet; seine Würde gründet darin, daß er – vor allem seinem eigenen Zutun – von Gott geliebt ist. Die Lebenszeit ist mehr als Arbeitszeit; dafür steht das Symbol des arbeitsfreien Sonntags, und darum ist der Kampf um die Bewahrung des Sonntags von solch grundlegender Bedeutung (s. schon oben Ziffer 115 ff.). Arbeit ist mehr als Erwerbsarbeit; die Betreuung und Erziehung der Kinder, die Pflege kranker, behinderter und alter Menschen und der weite Bereich der ehrenamtlichen Tätigkeiten sind Arbeiten, deren Wert für die Gesellschaft ebenso wichtig ist wie die gegen Geld erbrachte Arbeit. Die nichtmenschlichen Lebewesen, der gesamte Lebensraum der Erde, sind mehr als eine Ressource menschlicher Weltgestaltung; sie sind Mitgeschöpfe und in ihrer Fülle, Ordnung und Schönheit – vor aller Nutzung durch die Menschen – Hinweis auf die freundliche Zuwendung des Schöpfers.

Ökonomisches Handeln ist notwendig; denn die Lebensversorgung ist – schon im Garten Eden (1. Mose 2) – nicht von selbst da, sondern muß erarbeitet werden. Aber das ökonomische Handeln hat dabei einen instrumentellen Charakter und kann nicht selbst zum Lebensinhalt werden. Wo dies mißachtet wird, kommt es zu einem Wohlstandsmaterialismus. Aber die Anhäufung von Gütern und die Steigerung des Konsums können das Leben nicht mit Sinn erfüllen. Die sozialen Folgen des Wohlstands (s. oben Ziffer 61) sprechen eine deutliche Sprache. Dies zu bedenken ist gerade im Prozeß des Zusammenwachsens der beiden Teile Deutschlands von neuer Aktualität. Was Instrument der Lebensversorgung sein soll, vermag nicht auch Lebenserfüllung zu gewähren.

(181) An verschiedenen Krisenerscheinungen ist in der Gegenwart unübersehbar geworden, daß die vorherrschenden Ziele und Wertvorstellungen die Zukunftsfähigkeit der Zivilisation gefährden. Insbesondere die ökologische Krise hat die Einsicht befördert, daß im Blick auf die wirtschaftliche Nutzung des Lebensraums der Erde ein tiefgreifendes Umdenken notwendig ist. Dies betrifft nicht nur einzelne gezielte Maßnahmen, punktuelle Entscheidungen und individuelle Verhal-

tensweisen. Das Umdenken muß der Gesamtheit der Einstellungen gelten, die sich mit der Wirtschaft, ihren Leistungen und Erfolgen verbinden. Nur so kann ein Wandel der kulturell verbindlichen Weltsicht in Gang gesetzt werden, bei dem das Wissen um die Abhängigkeit der Menschen von ihrer natürlichen Umwelt zur maßgeblichen Grundlage für alle Erwartungen an das wirtschaftliche System wird. Es hat lange gedauert, bis die sozial zerstörerischen Folgen der kapitalistischen Wirtschaftsweise durch eine grundlegend veränderte Sicht der Gesellschaft und in einem neuen Verständnis des Staates als Sozialstaat und der Marktwirtschaft als Sozialer Marktwirtschaft korrigiert werden konnten. Heute befinden wir uns am Beginn eines vergleichsweise noch tiefgreifenderen Prozesses der Umorientierung, der zu einer ökologisch und global verpflichteten Sozialen Marktwirtschaft führen muß.

Die kulturelle Leistung einer solchen Umorientierung ist nur möglich, wenn alle Kräfte einer Gesellschaft, die auf die Prägung der Weltsicht einer Kultur Einfluß ausüben, für diese Aufgabe mobilisiert werden. Dies betrifft Bildung und Erziehung, die Medien, Literatur und Kunst, Wirtschaft und Politik, aber auch die Kirchen, die in der Vielfalt ihrer Handlungsmöglichkeiten – von der Ebene der Gemeinden und der Gruppen über die verschiedenen Arbeitszweige (Unterricht, Jugendarbeit, Bildungsarbeit usw.) bis hin zu den Organen der Gesamtkirche – nach wie vor einen nicht unerheblichen Einfluß auf die Formung von Einstellungen und Lebensweise haben.

(182) Die Aufgabe der zivilisatorischen Umorientierung läßt sich exemplarisch am Umgang mit Energie erläutern. Energie ist zentrales Element des Lebens. Der Umsatz von Energie prägt alle Lebensbereiche. Er ist vielfältig in die heutigen industriewirtschaftlich geprägten Lebensverhältnisse und Vorstellungen von Wohlstand verwoben. Im Blick auf den Zugang zu den natürlichen Ressourcen, die Belastung der Umwelt und die Gefährdung durch Unfälle erweist sich die Energiefrage als ein Problem von internationaler Dimension. Darüber hinaus vermittelt Energie Macht gegenüber den Mitgeschöpfen. Der Umfang der von den Menschen verursachten Energieumsätze läßt sich geradezu als ein Indikator für das Ausmaß der Gewalt verstehen, mit der sich die Menschen gegenüber der nichtmenschlichen Umwelt verhalten. Zunehmend setzt sich die Auffassung durch, daß die heu-

tigen Energieumsätze ein Übermaß der Machtausübung darstellen. Politisch, aber auch für jeden einzelnen ergibt sich daraus ein Minimierungsgebot beim Einsatz von Energie.

Einen wichtigen grundsätzlichen Wandel hat die Energiefrage dadurch erfahren, daß die Klimagefährdung, wie sie gerade auch durch die von den Menschen verursachten Energieumsätze bewirkt wird, in breiterem Umfang öffentlich wahrgenommen wird. Bisher wurde die Aufgabe der Energiepolitik überwiegend darin gesehen, einen durch die industriellen Lebensmuster vorgegebenen Energiebedarf möglichst rationell zu decken. Heute ist jedoch die Aufgabe unabweisbar geworden, den Energiebedarf selbst und damit die Wohlstandsmuster des industriewirtschaftlichen Lebensstils zumindest teilweise in Frage zu stellen. Die Verringerung des Energiebedarfs wird häufig mit einer Wohlstandsminderung gleichgesetzt. Die Gepflogenheiten unseres sozialökonomischen Rechnungswesens weisen dies formal auch so aus. Die Qualität des Lebens ist jedoch nicht an die Höhe des Energiekonsums gekoppelt. In dem mit der Verringerung des Energiebedarfs einhergehenden Wandel liegen Reichtumsperspektiven, die den Verzicht auf gewohnte Güter und Verhaltensweisen mehr als aufzuwiegen vermögen.

b) Anforderungen an das politische System

(183) Die kulturelle Gesamtlage läßt sich nicht von heute auf morgen verändern. Die Umorientierung muß vielmehr geduldig und gezielt in vielen einzelnen Schritten der gemeinsamen Verständigung konzipiert und vollzogen werden. Hier ist vor allem der Staat als Repräsentant des Gemeinwohls gefordert, um die strukturellen Rahmenbedingungen für den Prozeß des Umsteuerns zu schaffen und selbst ein Träger dieses Prozesses zu sein. Die politischen Strukturen der Demokratie sind freilich weithin darauf ausgerichtet, die Interessen der Wählerschaft zu befriedigen. Politische Entscheidungen können, ohne ihre Mehrheitsfähigkeit zu verlieren, dem Stand des öffentlichen Bewußtseins nicht zu weit vorauseilen. Sie sind auf den Wandel der kulturell verbindlichen Weltsicht angewiesen – können ihn allerdings durch mutige Schritte ihrerseits befördern.

(184) Dem Staat steht kein umfassendes und unfehlbares Wissen zur Verfügung, welche Schritte mit welchen Folgen die nötige und erwünschte Änderung herbeiführen. Darum kommt es entscheidend darauf an, die Entscheidungsfindung in den einzelnen Sachfragen so zu organisieren, daß die verschiedenen gesellschaftlichen Kompetenzen und Positionen an ihr beteiligt und die bereits absehbaren und die möglichen Auswirkungen und Folgen bestimmter Schritte einbezogen werden. Hier bieten die Verträglichkeitskriterien eine Hilfe, mit denen bei der Darstellung biblischer Motive und Richtungsimpulse der Begriff der Gerechtigkeit ausgelegt wurde (s. oben Ziffer 158). Die Verträglichkeitskriterien sind aufeinander bezogen, sie ergänzen sich und bedingen sich gegenseitig.

Bei jeder Einzelentscheidung müssen die Verträglichkeitskriterien, das Kriterium der wirtschaftlichen Effizienz und Aussagen über empirische Sachverhalte zusammenkommen. Dabei ist zwischen Sachgegebenheiten und ethischer Bewertung zu unterscheiden. Konkrete Maximen wirtschaftlicher Entscheidung sind immer »gemischte« Normen, gemischt aus Fakten und Wertungen. Auf die impliziten ethischen Vorentscheidungen und Bewertungen muß im Prozeß der Urteilsfindung aufmerksam gemacht werden.

Eine wesentliche Vorentscheidung besteht darin, den Weg einer einverständlichen, also partizipativen und kooperativen, und nicht einer durch die Ausübung von Macht erzwungenen, also konfrontativen, Problemlösung zu beschreiten. Sachgegebenheiten sind mit dem Kriterium wirtschaftlicher Effizienz und den Verträglichkeitskriterien in einem öffentlichen und überprüfbaren Prozeß der Meinungs-, Urteils- und Willensbildung zu vermitteln. Nur so kann auch die Spannung von Eigennutz und Gemeinnutz ausgehalten werden. Wohlfahrt und Wohlergehen einer Gesellschaft hängen auch von der stetigen Bereitschaft ab, die aus der Spannung zwischen Eigennutz und Gemeinnutz hervorgehenden Konflikte immer neu zum Ausgleich zu bringen.

(185) Die konkreten Anforderungen an das politische System treten am Beispiel der Energiepolitik deutlich hervor. Denn Energiepolitik ist Querschnittspolitik.

Das Minimierungsgebot beim Einsatz von Energie verlangt eine konsequente Energieeinsparpolitik. Um die in ersten Auswirkungen bereits spürbare Klimaveränderung so weit wie möglich abzubremsen, wird es nötig sein, den weltweiten fossilen Energieverbrauch bis zur Mitte des nächsten Jahrhunderts mindestens zu halbieren. Diese Forderung stellt die Industrienationen vor eine Aufgabe bisher noch nicht gekannter Größenordnung. In der Vergangenheit zielten selbst massive energiepolitische Veränderungen auf die Anpassung an technisch-ökonomisch veränderte Marktbedingungen; angesichts der drohenden Klimakatastrophe geht es heute im Gegenteil gerade darum, eine solche marktkonforme Entwicklung des Verbrauchs fossiler Energieträger zu verhindern. Die Möglichkeiten der rationellen Energienutzung und des Einsatzes regenerativer Energien müssen gegen den Weltmarkt, d. h. gegen das gegenwärtig auf ihm bestehende relativ niedrige Preisniveau für Energie, verwirklicht werden. Soll die notwendige Reduzierung des Verbrauchs fossiler Energien erreicht werden, können bestimmte energiepolitische Maßnahmen nicht schon deshalb ausgeschlossen werden, weil sie die Nutzenergie und die Energiedienstleistungen verteuern. Vielmehr kommt es gerade darauf an, auf breiter Basis Verständnis für die notwendige Verteuerung der Energiedienstleistungen zu wecken und die Preisveränderungen in sozial verträglicher Weise vorzunehmen. Eine solche Energieeinsparpolitik reicht in zahlreiche Ressorts des politischen Handelns – wie die Bau- und Wohnungspolitik, die Verkehrspolitik oder die Wettbewerbspolitik – hinein. Zu den dringenden politischen Handlungserfordernissen gehört die Revision des Energiewirtschaftsgesetzes von 1935, in dessen Zielkatalog Umweltverträglichkeit und Ressourcenschonung aufgenommen werden müssen. Um der Kraft-Wärme-Kopplung größere Marktanteile zu erschließen, ist es unter Umständen hilfreich, die zentrale Struktur der Energiewirtschaft durch andere Formen aufzulockern.

c) Perspektiven persönlicher Verantwortung

(186) Unter den Bedingungen einer freiheitlichen Demokratie kann und soll Verantwortung nicht von oben befohlen werden. Zahlreiche Bürger haben sich schon bisher in ihrem Verhalten vorbildlich und konkret für zukunftsfähiges Wirtschaften, für größere Gerechtigkeit

und für das Wirksamwerden von Nächstenliebe eingesetzt. Manchmal erschien dabei zunächst als Außenseiterrolle, was doch in Wahrheit ein richtungweisender Beitrag zur Entwicklung eines neuen Verantwortungsbewußtseins war. Die biblischen Motive und Richtungsimpulse, die in Teil III dargestellt sind, sind für alle Christen ein besonderer und dringlicher Ruf, entsprechend der von Jesus geforderten »besseren Gerechtigkeit« (Matth 5,20) ihre persönliche Verantwortung für ein zukunftsfähiges wirtschaftliches Handeln wahrzunehmen. Ein langer Weg beginnt mit dem ersten Schritt. Diese Erfahrungsweisheit kann helfen, trotz der nicht ausbleibenden Enttäuschungen und der immer wiederkehrenden Zweifel die kleinen persönlichen Schritte fortzusetzen, die ein Zeichen sein können für das, was jetzt zu tun nötig ist, und eine Bewegung auszulösen vermögen, die auch andere überzeugt. Dazu sind Christen in besonderer Weise gerufen.

(187) Persönliche Verantwortung ist jedoch zugleich in Institutionen, Organisationen und verantwortlichen Funktionen gefordert. In Unternehmensleitungen wie in Gewerkschaften müssen betrieblich notwendige Entscheidungen ausgeglichen werden mit politischen Zielen sozialer und ökologischer Verpflichtung. Unternehmer, Mitarbeiter im Betrieb, Gewerkschafter sind hier nach ihrem persönlichen Verantwortungsbewußtsein und nach ihrer Verantwortungsbereitschaft gefragt. In Anknüpfung an den alten Gedanken eines Berufsethos geht es um die ethische Verantwortung für die Glaubwürdigkeit von Institutionen. Je größer die Verantwortung, desto höher auch das Maß persönlicher Verpflichtung.

Auch Institutionen müssen für das Verhalten ihrer Mitglieder Regeln entwickeln, die moralische Standards und Verpflichtungen festlegen. Das gilt gerade für Wirtschaftsunternehmen. Im Rahmen einer »Unternehmensethik« sollten Grundsätze formuliert werden, die sich neben betriebswirtschaftlichen Maßstäben an Zielen von allgemeingesellschaftlicher Bedeutung orientieren. Gerade von sogenannten Führungsschichten wird mit Recht erwartet, daß sie sich ihrer besonderen Verantwortung bewußt sind.

Daß persönliche Verantwortung auch auf der Ebene von Insitutionen gefordert ist, gilt nicht zuletzt für die vielfältigen Einrichtungen der Kirche selbst. Sie sind in die wirtschaftlichen und gesellschaft-

lichen Bedingungen eingebunden. Gerade deshalb sollten sie sich verpflichtet wissen, sich im Umgang mit den Gütern der Erde wie in der
Verteilung von Arbeit und Geld an den biblischen Perspektiven zu
orientieren, und für andere Bereiche in der Gesellschaft beispielgebend sein. Was die Kirche von anderen fordert, sollte sie selbst prakti-
zieren.

(188) In exemplarischer Weise ist Energieeinsparung ein Feld, auf
dem die Wahrnehmung persönlicher Verantwortung Ausdruck finden kann. Dies gilt in besonderer Weise für den zu einer immer größeren Belastung für den Lebensraum der Erde werdenden Individual-
verkehr. Der Kfz-Bestand in der alten Bundesrepublik Deutschland
hat sich von ca. 26 Millionen im Jahr 1979 über ca. 29,5 Millionen im
Jahr 1984 auf ca. 36,5 Millionen zum 1. Juli 1991 erhöht. Als Folge
haben z. B. auch der Kraftstoffverbrauch, der Ausstoß von Luftschad-
stoffen, der Flächenverbrauch durch Straßenbau, die Höhe der Ver-
kehrsopfer und die Menge des Kfz-Mülls zugenommen. Die für den
gegenwärtigen individuellen Kfz-Verkehr erforderlichen Bedingungen und die von ihm verursachten Folgen sind nicht mehr schöpfungsverträglich. Schon beim Kauf eines Kfz kann man die Verminderung
des Kraftstoffverbrauchs und der Schadstoffemission berücksichtigen. Erst recht gilt dies für die Kfz-Benutzung, und zwar sowohl im
Blick auf die Häufigkeit der Benutzung als auch im Blick auf die Fahrweise. Die Streichung von Fahrten mit dem Kfz, das Umsteigen auf
andere Mittel der Fortbewegung (öffentliche Verkehrsmittel, Fahr-
rad, Fußweg) und eine Änderung der Fahrweise erschließen nicht selten neue, bisher versäumte und förderliche Dimensionen des Lebens.
Auch die Kirchen haben spezifische Möglichkeiten, etwa im Zusammenhang der Anschaffung von Dienstfahrzeugen, der Abrechnung
von dienstlichen Fahrten oder der Wahl verkehrsgünstig gelegener
Orte für Akademien und Tagungen, die schädlichen Wirkungen des
individuellen Kfz-Verkehrs zu mindern.

3. Die Zukunftsfähigkeit der Sozialen Marktwirtschaft weiterentwickeln

a) Die ökologische Herausforderung annehmen

(189) Bei der Bewältigung der ökologischen Herausforderung hat es der demokratische Staat mit einer unentwirrbaren Verflechtung von ökonomischen Partikularinteressen mit den festverwurzelten Lebensgewohnheiten von Menschen und der Lebenspraxis der Gesellschaft insgesamt zu tun. Die ökologische Herausforderung ist weltweit erst unzureichend angenommen worden. Die Marktmechanismen sind aus sich heraus nicht in der Lage, ökologische Gefahren zu vermeiden. Zusammen mit anderen haben sich darum die Kirchen dafür eingesetzt, das Konzept der Sozialen Marktwirtschaft um die ökologische Komponente zu erweitern. Die Erhaltung der natürlichen Umwelt muß dem geltenden Zielkatalog der Sozialen Marktwirtschaft – Vollbeschäftigung, Geldwertstabilität, außenwirtschaftliches Gleichgewicht, angemessenes Wirtschaftswachstum und gerechte Einkommensverteilung – hinzugefügt werden.

(190) Entsprechend müssen die Rahmenbedingungen des wirtschaftlichen Handelns konsequent auf die ökologische Herausforderung ausgerichtet werden. Es ist nötig, daß der Schutz der natürlichen Grundlagen des Lebens als Staatsziel in die Verfassung aufgenommen wird. Dies wird mithelfen, die Bewahrung der Schöpfung zu einem mitentscheidenden Element der Politik, der Verantwortung auf allen Ebenen wirtschaftlichen Handelns und der Rechtsprechung zu machen und einen Prozeß der Umorientierung der Zivilisation voranzubringen. Umweltschonendes Produzieren und Konsumieren muß über den Preis zum Bestandteil des Marktgeschehens gemacht werden. Sobald die Kosten für die Belastung der Umwelt, wie sie nicht nur bei der Produktion, sondern auch beim Gebrauch und der Entsorgung entstehen, im Preis eines Gutes enthalten sind, werden umweltfreundliche Güter von selbst kostengünstiger sein. Der Wettbewerb im Markt führt dann zwangsläufig zu mehr Umweltschonung. Allerdings setzt die politische Einführung solcher Spielregeln eine allgemeine Einstellungsänderung auf der kulturellen Ebene voraus, damit

die anfängliche starke Verteuerung aller Konsumgüter akzeptiert wird. Die Tarifpartner müssen den Mut haben, in betrieblichen und überbetrieblichen Vereinbarungen Investitionen für umweltgerechtes Produzieren in ihren Konsequenzen für beide Seiten zu berücksichtigen und die dadurch bedingte Schmälerung des Gewinnes und der Lohnsteigerung gemeinsam zu tragen.

Es ist nicht zu verkennen, daß in der Bundesrepublik Deutschland ein Umdenkungsprozeß in großem Stil eingesetzt hat und sich die am Wirtschaftsprozeß Beteiligten der neuen Aufgabe bereits stellen. Der Gedanke einer »ökologisch verpflichteten Sozialen Marktwirtschaft« setzt auf die Anpassungsfähigkeit des wirtschaftlichen Systems sowie auf das unternehmerische Interesse, bei gegebenen Anreizen Aufgaben aufzugreifen, die der Natur und dem Gemeinwohl dienen.

b) Auf eine gerechtere Gestaltung der Weltwirtschaft hinwirken

(191) Als eine führende Handelsnation mit hoher wirtschaftlicher Leistungsfähigkeit trägt die Bundesrepublik Deutschland im weltweiten System eine besondere Verantwortung, ohne Bevormundung anderer ihre eigenen Erfahrungen mit der Sozialen Marktwirtschaft in die Bemühungen um eine gerechtere Gestaltung der Weltwirtschaft einzubringen. Von hervorragender Bedeutung sind dabei die Gewinnung von Normen und Regelsystemen, die das wirtschaftliche Handeln weltweit verbindlich tragen, sowie die Einrichtung entsprechender Rahmenbedingungen und Institutionen, die sich zur Steuerung einer effizienten und zugleich sozialverpflichteten sowie umweltgerechten Weltwirtschaft eignen. Die Ausgangssituation ist von Region zu Region, ja von Land zu Land verschieden. Die jeweilige soziokulturelle und religiöse Identität und die darauf aufbauende Tradition müssen respektiert werden.

Eine entscheidende Frage im Blick auf die Zukunft lautet: Was muß sich bei uns ändern – in der Agrarpolitik, in der Energiepolitik, in der Haushaltspolitik usw. –, damit die armen Länder eine Chance bekommen? Ein wesentlicher Beitrag der Industrieländer zur Überwindung der Armuts- und Schuldenprobleme läge darin, den Entwicklungsländern bessere Chancen zu bieten, als Handelspartner von unseren Märkten zu profitieren. Wer Eigenanstrengungen der Entwicklungsländer fordert, darf nicht zugleich hierzulande – etwa durch Abschottung unserer Märkte, nicht zuletzt des europäischen Binnenmarktes – die strukturelle Anpassung umgehen. Es ist ein Gebot der Fairneß und Solidarität, durch günstigere Bedingungen für den Handel mit Rohstoffen die Wirtschaft der Entwicklungsländer zu fördern, ihren Export von Agrargütern und einfachen Industriegütern in die Länder der Europäischen Gemeinschaft zu erleichtern und ihnen auf diese Weise auch zu helfen, daß sie nicht bloße Rohstofflieferanten bleiben.

(192) Ziel muß es sein, der Entwicklung Einhalt zu gebieten, daß sich die Unterschiede im Lebensstandard zwischen arm und reich sowohl innerhalb der Länder der Dritten Welt als auch im Verhältnis zwischen Nord und Süd ständig vergrößern. Daß viele Millionen von Menschen nicht in der Lage sind, ihre elementaren Grundbedürfnisse zu befriedigen, steht in krassem Gegensatz zu den Zielsetzungen einer Sozialen Marktwirtschaft. Erneut ist an die Zusage der reichen Länder zu erinnern, einen allmählich wachsenden Anteil des Sozialprodukts für die Länder der Dritten Welt zur Verfügung zu stellen (s. schon oben Ziffer 93–94). Die Bundesrepublik Deutschland sollte sich als eines der wohlhabendsten Länder an Obergrenzen und nicht an Mindestzahlen orientieren und bis zum Jahre 2000 die 2-Prozent-Marke erreichen.

Angesichts der Probleme, die sich hier auftürmen, besteht die Gefahr, daß Resignation um sich greift. Hier sind Christen in besonderer Weise aufgerufen, durch Zeichen der Solidarität die Suche nach einer gerechteren internationalen Wirtschaftsordnung zu unterstützen und mit konkreten Leistungen der Hilfe und Vorschlägen für die Verbesserung der vorhandenen Regeln und Institutionen für eine soziale Weltwirtschaft einzutreten.

c) Die soziale Symmetrie beachten

(193) Leistungsfähigkeit und Verantwortung von Unternehmen und Haushalten sind im Zusammenspiel der wirtschaftlichen Kräfte entscheidende Faktoren für das Gelingen des gesamten wirtschaftlichen

Prozesses. Bildungs- und Ausbildungssystem, Chancengleichheit, Förderung sozial schwächerer Teilnehmer und die Absicherung gegenüber den wichtigsten Lebensrisiken tragen ihrerseits wesentlich dazu bei, eine stabile Basis der Sozialen Marktwirtschaft auch in Zukunft zu gewährleisten. Es ist eine immer neu zu lösende Aufgabe, den Prinzipien von Leistung und Wettbewerb Geltung zu verschaffen und sie zugleich auf den Grundsatz der Solidarität zu beziehen. Je wirksamer und selbstverständlicher in einer Gesellschaft einerseits das Prinzip von Leistung und Gegenleistung, andererseits der Grundsatz der Gleichwertigkeit und Solidarität unter allen Menschen verwirklicht werden, desto menschenwürdiger ist diese Gesellschaftsordnung. Das Leistungsprinzip kann nur insoweit gesellschaftliche Geltung beanspruchen, als es die Solidarität unter Menschen nicht aufhebt, sondern der menschlichen Solidargemeinschaft dient. Auch der freie Wettbewerb ist ambivalent: Er baut Macht ab, indem er Alternativen für die Käufer schafft. Zugleich verdrängt er weniger starke Teilnehmer am Wirtschaftsprozeß aus dem Markt und kann wirtschaftliche Macht bis hin zur Bildung markt- und preisbestimmender Kartelle steigern. Deshalb gehört es zu den dringenden Aufgaben der Organe des Gemeinwesens, durch die strikte Anwendung des Kartellrechts und entsprechender Maßnahmen der Monopolverhinderung Wettbewerb auch unter sich verändernden wirtschaftlichen Bedingungen sicherzustellen und die Entstehung einer für das Gemeinwohl bedrohlichen Ballung wirtschaftlicher Macht zu verhindern.

(194) Die Schaffung einer Gesamtordnung der sozialen Sicherung ist ein konstitutives Element einer menschenwürdigen Gesellschaft. So gehören heute etwa die Absicherung der großen Lebensrisiken (Unfall, Krankheit, Erwerbslosigkeit und Tod von Personen, die für den Lebensunterhalt anderer aufgekommen sind) und die Altersversorgung grundlegend in die Verantwortung der Gesellschaft insgesamt. Erst in diesem Rahmen wird dann die Vielfalt der individuellen und persönlichen Vorsorgen und Hilfen wirksam und unentbehrlich. Die Soziale Marktwirtschaft steht vor der Aufgabe, immer neu die Balance zwischen effizienter Leistungs- und Wettbewerbsordnung auf der einen und sozialer Sicherheit auf der anderen Seite zu gewinnen. Im Blick auf die Zukunft kommt es darauf an, bei

der Absicherung der Lebensrisiken das richtige Gleichgewicht zwischen eigenverantwortlicher Mitwirkung, Leistung der Solidargemeinschaft der Versicherten und Beiträgen des Staates zu finden. Der Staat darf sich von seiner Verantwortung für die Mitfinanzierung sozialer Leistungen nicht zurückziehen (s. schon oben Ziffer 58 ff.). Auch eine unausgewogene Einkommens- und Vermögensstruktur gefährdet das soziale Gleichgewicht. Darüber hinaus führen strukturelle Veränderungen immer wieder zu neuen sozialen Ungleichgewichten, so bei der strukturellen Arbeitslosigkeit in den neuen Bundesländern, den Langzeitarbeitslosen oder der wachsenden Zahl von Sozialhilfebedürftigen.

d) Die Soziale Marktwirtschaft als eine demokratische Wirtschaft gestalten

(195) Soziale Marktwirtschaft kann sich nur entfalten, wenn ihr durch staatliche Rahmenbedingungen und politische Entscheidungen eine langfristige Perspektive eröffnet und die Wirtschaftstätigkeit öffentlich gefördert wird. Eine leistungsfähige Wirtschaft schafft ihrerseits die Handlungsspielräume, um den Notwendigkeiten des Gemeinwesens Geltung zu verschaffen. Dieses Wechselspiel bringt eine immer neu zu lösende Aufgabe mit sich. Für die politische Kultur einer freiheitlichen Gesellschaft ist es von großer Bedeutung, daß die privaten Unternehmen das Zustandekommen der notwendigen öffentlichen Regulierungen unterstützen und bei ihrer Umsetzung mitwirken.

Demokratische Kontrolle im wirtschaftlichen Bereich muß politischem Mißbrauch wirtschaftlicher Macht und bürokratisch-industriellen Interessenverflechtungen, die die Gemeinwohlverpflichtung des Staates untergraben, verstärkt entgegenwirken. Sie muß heute vor allem dort wirksamer ausgeübt werden, wo – wie beim Rüstungsexport – die Wahrung und Förderung des Friedens durch rein wirtschaftliche Interessen beeinträchtigt wird. Diese Aufgaben gewinnen um so mehr an Gewicht, als transnational organisierte Unternehmen immer wieder die Möglichkeit nutzen, sich politischen Regelungen, die nur in einzelnen Ländern gelten, zu entziehen. Die politischen

Instanzen – nicht zuletzt in der Europäischen Gemeinschaft – müssen in ihren Regelungs- und Kontrollfunktionen so gestärkt werden, daß dem Mißbrauch wirtschaftlicher Macht begegnet werden kann.

(196) Ein besonderes Problem stellt sich heute im Blick auf die bewährten Formen demokratischer Mitwirkung innerhalb der Wirtschaft. Die Mitwirkung und Mitbestimmung der Arbeitnehmer bei Entscheidungen auf betrieblicher Ebene wie auf Unternehmensebene sind in der Bundesrepublik Deutschland in einer Weise ausgeformt, die in anderen Ländern, auch in den Mitgliedsstaaten der Europäischen Gemeinschaft, keine Parallele hat. Deshalb muß darauf geachtet werden, daß die rechtlichen Regelungen der Mitbestimmung in der Bundesrepublik Deutschland durch die Vollendung des europäischen Binnenmarktes nicht eingeschränkt werden.

4. Einheitliche Lebensverhältnisse in Deutschland herstellen

(197) Aus der Perspektive der Bundesrepublik Deutschland bündeln sich die Aufgaben wirtschaftlichen Handelns in der Herstellung einheitlicher Lebensverhältnisse in den alten und den neuen Bundesländern. Im Blick auf die wirtschaftliche Leistungsfähigkeit, die Einkommensverteilung und die individuellen Entfaltungsmöglichkeiten besteht derzeit ein starkes West-Ost-Gefälle. Eine Annäherung der Lebensverhältnisse kann nicht von heute auf morgen erfolgen. Dies muß den Menschen im Osten Deutschlands auch ungeschminkt gesagt werden. Sonst werden Erwartungen erzeugt, deren zwangsläufige Enttäuschung die Lösung der Probleme weiter erschwert. Aber es kann um der sozialen Gerechtigkeit willen nicht hingenommen werden, daß im gleichen Land die Lebensverhältnisse auf längere Zeit auseinanderklaffen. Die Bevölkerung im Westen Deutschlands war durch die historischen Umstände begünstigt. Sie hat sich ihre gegenwärtigen Lebensverhältnisse nicht allein durch eigene Leistung erworben, wie auf der anderen Seite die Schuld für den wirtschaftlichen Niedergang in der DDR nicht pauschal ihren Bürgern angelastet wer-

den kann. Darum ist es gerechtfertigt, Opfer der Solidarität für die Bevölkerung im Osten zu verlangen. Wohl ist es richtig, daß die Annäherung der Lebensverhältnisse nicht einfach in einem Umverteilungsprozeß erreicht werden kann. Aber die Teilung muß *auch* durch Teilen überwunden werden.

(198) Der rasche Übergang von planwirtschaftlichen auf marktwirtschaftliche Strukturen führte in den neuen Bundesländern zu starken Turbulenzen (s. oben Ziffer 32 und Anhang A unten S. 141 ff.). Die Besserung der Lage läßt länger auf sich warten, als von vielen vorhergesehen und angekündigt wurde. Die Turbulenzen des Übergangs bestätigen auf ihre Weise, daß, wie in der Beschreibung der Sozialen Marktwirtschaft eingehend dargelegt wurde (s. oben Ziffer 36 ff.), diese ein Zusammenspiel von mehreren Ebenen ist. Schon die rein marktwirtschaftlichen Komponenten wie die Konsumentensouveränität, der Wettbewerb oder das private Eigentum an Produktionsmitteln ließen sich in den neuen Bundesländern nicht über Nacht verwirklichen; beispielsweise bestanden und bestehen zahlreiche Investitionshemmnisse. Die rein marktwirtschaftlichen Komponenten genügen aber nicht. Mit ihnen allein wäre die Marktwirtschaft weder ökologisch noch sozial noch demokratisch. Darum sind die anderen Ebenen für die Soziale Marktwirtschaft unerläßlich. Jedoch auch auf ihnen, vor allem bei der staatlichen Rahmenordnung und den gesellschaftlichen Voraussetzungen des wirtschaftlichen Handelns (Verwaltung, Fachkräfte, Mentalität u. a.), taten sich große Lücken auf. So mußte für Menschen in den neuen Bundesländern der Eindruck entstehen, die mit der Wirtschafts-, Währungs- und Sozialunion entstandene Situation entlarve das wahre Gesicht der Sozialen Marktwirtschaft als eines letztlich unmenschlichen Systems und schaffe im eigenen Land eine Dritte-Welt-Situation.

(199) Eine gemeinwohlverträgliche wirtschaftliche Erholung der neuen Bundesländer setzt voraus, daß alle Ebenen der Sozialen Marktwirtschaft funktionsfähig werden und zusammenspielen. Dafür bestehen gute Aussichten. Die Aufgabe der Kirche in diesem Prozeß muß es sein,

- Kräfte gegen die Resignation zu mobilisieren,
- sich seelsorgerlich und diakonisch der Verzweifelten und in Not Geratenen anzunehmen,
- in den sich jetzt vollziehenden wirtschaftlichen Prozessen an die Herausforderungen für die Zukunftsfähigkeit wirtschaftlichen Handelns zu erinnern und dabei
- vor allem »den Mund aufzutun für die Stummen« (Spr 31,8), also Anwalt für die sozial Benachteiligten im eigenen Land, für die Armen weltweit und für die Mitgeschöpfe zu sein.

(200) Der Abbau des West-Ost-Gefälles und die Herstellung einheitlicher Lebensverhältnisse in Deutschland haben Bedeutung über unser Land hinaus. Denn der Übergang von planwirtschaftlichen zu marktwirtschaftlichen Strukturen vollzieht sich derzeit noch in zahlreichen anderen Ländern Mittel- und Osteuropas, und die Lebensverhältnisse zwischen den reichen Industrieländern und den armen Völkern der Dritten Welt klaffen weit auseinander. Die deutsche Politik und Wirtschaft sehen sich daher heute großen Erwartungen gegenüber, den Nachbarländern mit Rat und konkreten wirtschaftlichen Maßnahmen beizustehen und einen allmählichen wirtschaftlichen Ausgleich voranzutreiben. Intensive Formen der Kooperation sollen dazu beitragen, das Gefälle zwischen West und Ost zu mindern und die Voraussetzungen für Frieden und Wohlfahrt auch in den anderen Teilen der Erde zu schaffen. Sollte es in Deutschland nicht gelingen, das West-Ost-Gefälle auszugleichen und einheitliche Lebensverhältnisse herbeizuführen – wer wollte dann noch die Hoffnung darauf bewahren, daß in Europa und schließlich weltweit ein größeres Maß an Gerechtigkeit geschaffen werden kann?

Anhang A:
Zur Entwicklung in der ehemaligen DDR

Erst ab 1990 konnte der Ausschuß »Kirche und Gesellschaft« des Bundes der Evangelischen Kirchen in der DDR an der Vorbereitung der vorliegenden Denkschrift mitwirken. Gliederung und Grundaussagen waren zu diesem Zeitpunkt bereits weitgehend erarbeitet. Der Ausschuß hat seine Aufgabe darin gesehen, die Entstehung der Denkschrift aus dem Blickwinkel der Menschen in den neuen Bundesländern zu begleiten und die besondere Herausforderung bewußt zu machen, der die Soziale Marktwirtschaft dort gegenübersteht. Er ist dafür eingetreten, die Lage in den neuen Bundesländern an verschiedenen Stellen der Denkschrift ausdrücklich zu berücksichtigen.

In einem eigenen Beitrag hat der Ausschuß versucht, Situation und wirtschaftliche Entwicklung in der ehemaligen DDR darzustellen. Die Darstellung hat den Charakter einer Momentaufnahme, die insbesondere die Befindlichkeiten der von den Veränderungen Betroffenen beschreiben soll. Die Veränderungen werden unterschiedlich erfahren; darum sind auch unterschiedliche Urteile möglich. Der Beitrag des Ausschusses hat der Kammer für Öffentliche Verantwortung vorgelegen und durch das Gespräch mit ihr die jetzige Fassung erhalten. Die Situationsbeschreibung kann eine sachkundige Analyse nicht ersetzen. Sie wird unumgänglich, sobald die Auswirkungen der Sozialen Marktwirtschaft in den neuen Bundesländern deutlicher erkennbar sind.

Die Menschen in beiden deutschen Staaten sind in 40 Jahren getrennter Geschichte unterschiedlich geprägt worden. Dieser Sachverhalt ist auch ein unübersehbarer Faktor für die gegenwärtige wirtschaftliche und soziale Umgestaltung in den neuen Bundesländern. Politische, gesellschaftliche und ökonomische Entwicklungen der Vergangenheit müssen benannt werden, damit klar ist, was sich nicht wiederholen darf. In welcher Weise sich Erfahrungen gelebten christlichen Glaubens unter den Bedingungen einer realsozialistischen Diktatur für die neue Gemeinschaft in Deutschland fruchtbar machen lassen, steht noch dahin. Die Umstellungen auf die Bedingungen einer Sozialen Marktwirtschaft sind von den Menschen in den neuen Bundesländern unter hohem Zeitdruck zu bewältigen. Deshalb bedürfen ihre Reaktionen und ihre Orientierungssuche der sorgfältigen Beachtung, gerade auch durch die Kirche.

1. Strukturen des Staatssozialismus

Das Ergebnis des verlorenen Krieges war 1945 in allen Besatzungszonen ähnlich. Die Entwicklung der Wirtschaft aber nahm schnell einen unterschiedlichen Verlauf. In der sowjetisch besetzten Zone kamen zu den Kriegsschäden umfangreiche Demontagen in der Industrie, im Verkehrswesen und in der Kommunikation. Darüber hinaus wurden für lange Zeit Reparationen aus der laufenden Produktion entnommen. Die Regelungen im Handelsverkehr sahen eine beträchtliche Begünstigung der UdSSR vor. Es gab keine Hilfe von außen, wie sie für den westlichen Teil Deutschlands durch den Marshallplan erfolgte. In der Utopie des Sozialismus – einer Erwartung und Forderung der Besatzungsmacht – sahen die Regierenden und ein Teil der Bevölkerung eine gegenüber der bisherigen Ordnung bessere Form für gesellschaftliches und wirtschaftliches Leben und bejahten eine solche Zielvorstellung.

Allerdings führte die Übertragung sowjetischer Modelle auf die deutschen Verhältnisse zu strukturellen Schwächen und Mängeln. Es gab keine Trennung zwischen Legislative, Exekutive und Rechtsprechung. Die Justiz war weisungsgebunden. Unabhängige Medien bestanden nicht. Eine Zentralverwaltungswirtschaft mit dem Primat des Politischen über ökonomische Kriterien wurde eingeführt. Die Apparate der herrschenden Partei, der Sicherheitsorgane und der staatlichen Verwaltung arbeiteten nebeneinander und faktisch oft gegeneinander. Die Folge war ein sich ständig weiter aufblähender Kontroll-, Verwaltungs- und Koordinierungsapparat.

Die marxistische Gesellschaftstheorie wurde als ideologisches Instrument der Einheitspartei zur Gleichschaltung aller und zur Durchsetzung der Ziele von Generalsekretär und Politbüro benutzt. Nahezu alle leitenden Stellen in Wirtschaft und Verwaltung wurden im Laufe der Zeit mit Mitgliedern der SED besetzt. Diese Mitgliedschaft war die grundlegende Voraussetzung für eine Stellenbesetzung, aber eine ganze Reihe von Verantwortlichen erwarb auch Sachkompetenz. Durch die Parteidisziplin waren sie freilich vorrangig zur Durchsetzung der Parteilinie verpflichtet. Die Blockparteien und die anderen gesellschaftlichen Organisationen hatten nur einen geringen eigenen Handlungsspielraum. Die sich langsam ausbildende Opposition befaßte sich weniger mit Wirtschaftsfragen, sondern war stärker an Fragen der Menschenrechte interessiert.

Der »Kalte Krieg« in Europa, das Leben an der Trennlinie der beiden konkurrierenden Weltmächte, das Beispiel des anderen deutschen Staates und der Wettkampf der Systeme verstärkten die Tendenzen, sich wirtschaftlich selbständig zu machen. Diese Bemühung um Autarkie um jeden Preis hat der Wirtschaft der DDR erheblich geschadet.

Die Betriebe waren in ein enges Netz zentraler Planvorgaben und Bilanzen eingebunden. Die erwirtschafteten Gewinne wurden an den Staatshaushalt abgeführt. Produktionspalette und Investitionen unterlagen einem Genehmigungsverfahren. Eine Modernisierung der Produktionsmittel unterblieb weithin. Die Planung wurde immer wieder durch plötzliche Eingriffe in die Wirtschaftsabläufe durcheinandergebracht. »Operative Maßnahmen« – der realsozialistische Ausdruck für Krisenmanagement – mußten die Lücken im Material- und Ersatzteilbereich überbrücken. Gegen jede erklärte Absicht gelangte die Wirtschaft in einen Zustand, in dem sie zunehmend von ihrer Substanz zehrte. Die Anlagen veralteten. Die verteuerten Erzeugnisse verloren ihre Konkurrenzfähigkeit auf dem Weltmarkt. Der chronische Devisenmangel führte dazu, daß Exportwaren unter dem Gestehungspreis auf dem Weltmarkt abgesetzt wurden. Die Wirtschaft mußte in immer mehr Bereichen subventioniert werden.

Nach mehreren Enteignungswellen gab es nur noch Staatsbetriebe oder Genossenschaften (Handwerk und Landwirtschaft) und wenige private Gewerbebetriebe. Im Vergleich zur Bundesrepublik Deutschland sank die Arbeitsproduktivität erheblich. Prodagandistische und statistische Verschleierungsversuche änderten daran nichts. Der ökonomische Zusammenbruch dieses Wirtschaftssystems war vorprogrammiert und wurde von einem Teil der Verantwortlichen auch befürchtet. Für diesen Fall waren restriktive Maßnahmen gegen eine aufbegehrende Bevölkerung schon vorbereitet. Die Militarisierung der gesamten Wirtschaft und Verwaltung des Landes lieferte die nötigen Instrumente: Betriebskampfgruppen, Zivilverteidigung, kasernierte Bereitschaftspolizei, Staatssicherheitskräfte.

Der Außenhandel der osteuropäischen Länder beruhte letztendlich auf Tauschgeschäften. Besonders in den ersten Jahren dominierten die wirtschaftlichen Bedürfnisse der Sowjetunion als Rohstofflieferant. Die Ausrichtung der DDR-Wirtschaft auf Bedürfnisse der sowjetischen Wirtschaft garantierte dann zwar den Absatz von DDR-Erzeugnissen, doch zugleich war der Zwang zur Innovation vermindert.

Ausländische Arbeitskräfte waren aufgrund von Regierungsabkommen mit Vietnam, Mocambique, Angola, Kuba und Polen befristet in den Arbeitsprozeß einbezogen. Vielen war eine Ausbildung versprochen worden, doch wurden sie weithin mit einfachen Arbeiten beschäftigt. Der Nachzug von Familienangehörigen war untersagt. Außerhalb der Betriebe gab es kaum eine Berührung mit der deutschen Bevölkerung.

Wesentliches Merkmal des Sozialismus in DDR-Ausprägung war, daß Wirtschaftsleiter in erster Linie staatliche Leiter und erst in zweiter Linie Ökonomen waren. Der Staatsplan war Gesetz und politisches Programm, wirtschaftliche Effizienzerfordernisse traten dahinter zurück. Zentral angeordnete Maßnahmen wurden durchgeführt, auch wenn die örtlich Verantwortlichen sie als ökonomisch nachteilig erkannten. Dies behinderte Leistungsmotivation und Innovationsbereitschaft. Ein deformiertes Wirtschaftssystem schuf letztlich auch deformierte Verhaltensweisen der Lethargie.

In dem zentralisierten sozialistischen Bildungssystem wurden vom Kindergarten bis zur Hochschule sowohl die Bedrohung durch den Feind von außen als auch die herrschende Ideologie in immer neuen Gestaltungen vermittelt. Eine wirkliche Aneignung dieser Ziele erfolgte jedoch nur bei einem kleinen Teil der Bevölkerung. Man paßte sich an, um nicht aufzufallen. Viele verließen die DDR, ohne daß sie in einem reflektierten Widerspruch zu dieser Gesellschaft gelebt hätten.

Bis zu 90 % aller Frauen im arbeitsfähigen Alter waren erwerbstätig; dies stärkte ihr Selbstbewußtsein. Voraussetzung war ein flächendeckendes System von Kinderkrippen und Kindergärten. Subventionen ermöglichten sehr niedrige Elternbeiträge. Auswirkungen auf die Persönlichkeitsentwicklung der Kinder wurden nur unter Fachleuten diskutiert.

Die Zentralverwaltungswirtschaft und der Mangel förderten aber auch manche kreativen Verhaltensweisen, die das Leben für viele erträglicher machten: Improvisationsvermögen, Erfindung von Ersatz, Organisationsfähigkeit, Aufspüren von Lücken, Tarnung, Lebensfähigkeit unter ständigem Beobachtetwerden, passives Sich-Verweigern, Wahrnehmung vorhandener Toleranzräume, Gestaltungsvermögen im Privaten und Kleinen, Lesekultur, eine gewisse Solidarität in der Mangelsituation.

Für die Konsumenten entstand insgesamt eine höchst perfektionierte Mangelwirtschaft. Der Kontrast zwischen der offiziellen, in den Medien veröffentlichten Statistik und der Lage in den Betrieben wurde zunehmend allen in der Wirtschaft Beschäftigten deutlich. Dessen ungeachtet lebten erhebliche Teile der Bevölkerung in relativer Existenzsicherheit auf niedrigem Niveau. Das Recht auf Arbeit war in dem Sinne verwirklicht, daß jeder ein Einkommen hatte und dafür auch einige Arbeit leistete. Die Beziehung zwischen Leistung und Einkommen war allerdings gestört. Die kostenlose medizinische Versorgung, die preiswerten Plätze in Kinderkrippen und Kindergärten, billiges Wohnen, niedrige Tarife im Verkehr sowie für Energie und Wasser, kostenlose Fortbildung – all dies stellte sich vielen als »sozialistische Errungenschaften« dar, die sie gegen Mängel des Systems aufrechneten. Als Nebenwirkung ergaben sich auf einzelnen Lebensgebieten eine Verschwendungswirtschaft (z. B. bei Brot, Energie, Wasser) und eine gedankenlose Anspruchshaltung an »die Gesellschaft«. Die Verwirklichung des ursprünglich angestrebten Zieles, nämlich die Einheit von Wirtschafts- und Sozialpolitik, wurde immer fragwürdiger. Die Arbeitsplatzgarantie, Wohnraumbeschaffung für billige Mieten, medizinische, kulturelle und Altersversorgung für alle waren immer weniger finanzierbar. In fahrlässiger Weise vernachlässigte die sozialistische Planwirtschaft ökologische Belange. Die Beseitigung der dadurch entstandenen Altlasten wird in den kommenden Jahren permanenter und kostspieliger Anstrengungen bedürfen.

2. Turbulenzen der Übergangszeit

Jeder Verantwortliche in Wirtschaft, Staat und Kirche war sich der enormen Risiken und Probleme bei dem bisher vorbildlosen Prozeß der Umwandlung einer Zentralverwaltungswirtschaft in eine Soziale Marktwirtschaft und der schnellen Verbindung zweier unterschiedlich entwickelter Wirtschaftskörper in einem vereinigten Deutschland bewußt. Panikmache darf nicht Aufgabe der Kirche sein, aber nüchterne Benennung erkannter Probleme bildet eine Grundlage für die mögliche Bewältung dieser Probleme. So hat die Kirche an die wirtschaftlich bestimmenden Kräfte auch die Anfrage zu richten, ob sie sich den Vorteil einfach zunutze machen dürfen, der sich ihnen aus der Situation in den neuen Bundesländern bietet. Sie wird das Sprachrohr derer sein müssen, deren Probleme öffentlich sonst nicht ausreichend vertreten werden.

Zunehmend wird deutlich, daß außenpolitische Überlegungen zu einem forcierten Tempo bei der Zusammenführung der beiden deutschen Staaten zwangen. Warum das nicht mit dem Eingeständnis verbunden war, die Lösung vieler Einzelfragen werde dadurch um so schwieriger, bleibt unverständlich. Die Übergangszeit zeigte und zeigt eindeutig, daß mindestens vorübergehend besondere staatliche Rahmenbedingungen für ein Funktionieren der Sozialen Marktwirtschaft unerläßlich sind. Die Ausgangslage 1990/91 ist eine völlig andere als 1948 für die spätere Bundesrepublik Deutschland. Bedauerlicherweise sind Erwartungen vieler Menschen in Ostdeutschland, nach der Währungsumstellung oder nach dem staatlichen Beitritt zur Bundesrepublik Deutschland würde sich das Lebensniveau sofort dem dortigen angleichen, vonseiten westlicher Politiker und Massenmedien nicht nur nicht relativiert, sondern versteckt oder offen gefördert worden.

Viele Betriebe brachen zusammen, weil sie dem Wettbewerb des Weltmarktes ohne jede Anpassung und jeden Übergang ausgesetzt wurden. Nach der Währungsunion waren die bislang wichtigsten Außenhandelspartner der DDR-Wirtschaft oft nicht mehr in der Lage, Importe in DM zu bezahlen. Außerdem ist die erheblich geringere Arbeitsproduktivität nicht mit einem Schlag anzuheben. Dem Zusammenbruch oder der radikalen Verkleinerung der Zahl der Beschäftigten in den Betrieben folgt eine erhebliche Arbeitslosigkeit. Der Versuch, durch Kurzarbeiterregelungen eine gewisse Abfederung zu erreichen, kann nicht unbegrenzt weitergeführt werden. Die Kommunen haben wenig eigene Einnahmen und können notwendige Investitionen und Ausbesserungsarbeiten nur dann vergeben, wenn sie aus den alten Bundesländern beträchtliche Zuschüsse erhalten.

Für die meisten Menschen in den neuen Bundesländern ist die Erfahrung neu, daß man keine Arbeit finden kann, auch wenn man arbeiten möchte. Besonders die älteren Arbeitnehmer sehen für den Rest ihres Erwerbslebens nur geringe Chancen, wieder eine Beschäftigung zu finden. Durch die strukturelle Arbeitslosigkeit droht ganzen Regionen die Verarmung; dies gilt besonders für landwirtschaftlich geprägte Gebiete. Die Erhöhung von Preisen für Nahrungsmittel, Energie, Verkehr und ab Oktober 1991 Mieten trifft vor allem Menschen mit geringem Erwerbseinkommen, Arbeitslose und Rentenempfänger. Es ist verständlich, daß sich in Ostdeutschland die Erwartungen auf die Angleichung der Löhne und Gehälter an das westliche Niveau richten. Zu starke Erhöhungen gefährden jedoch erneut die Rentabilität vieler Betriebe. Zu geringe Erhöhungen können der Verbesserung der Arbeitsproduktivität schaden. Es gibt also eine Reihe von Faktoren, die einem schnellen und umfassenden Wirtschaftswachstum zunächst im Wege stehen.

Ungeklärte Eigentumsverhältnisse behindern den Aufbau neuer Unternehmen oder den Einstieg in bisherige. Einem Teil der Menschen in Ostdeutschland legt sich der Verdacht nahe, daß ein Zusammenbruch vorhandener Betriebe auch bewußt zugelassen wird, damit der Staat mit der Sorge um die Sanierung von Altlasten und mit der Fürsorge für Arbeitslose belastet wird. Die Übernahme von belasteten Betrieben ist so nur langsam erfolgt.

Vielen Menschen in Ostdeutschland fällt es nicht leicht, sich auf die neue Situation einzustellen, in der der Staat nicht mehr alle Regelungen für sie trifft, sondern in der jeder seine eigenen Ansprüche geltend machen muß. Eine andere Folge der allgemeinen Unsicherheit ist offene oder verborgene Ausländerfeindlichkeit, obwohl es dafür bei weniger als einem Prozent Ausländeranteil eine rationale

Begründung nicht gibt. Vielleicht wirken hier auch Erscheinungen aus den alten Bundesländern ein.

In den ersten Monaten nach der Vereinigung hat es auch in Westdeutschland Ängste und Befürchtungen gegeben. Es ist nicht sicher, wie lange sie anhalten und ob sie sich festigen. Steuererhöhungen sind eingetreten und möglicherweise auch für eine mittelfristige Zukunft erforderlich. Die Ergebnisse im Bereich der Abrüstung, der Friedenssicherung und des Truppenabzugs werden weithin nicht ausreichend gewürdigt. Ein weiterer Grund zu Ängsten für die Menschen in Westdeutschland liegt unter Umständen in der Größe der Aufgabe, in Deutschland einheitliche Lebensverhältnisse herzustellen. Wird das zu bewältigen sein, ohne daß sich das Leben für die Menschen in den alten Bundesländern erheblich ändert? Wie es für die Eingesessenen nach 1945 schwierig war, die Flüchtlinge aus den Ostgebieten zu integrieren, so erscheinen möglicherweise jetzt die Ostdeutschen als Mitbürger, die vor allem Ansprüche erheben. Sie werden insgesamt und einzeln dafür verantwortlich gemacht, daß sie einem ineffektiven wirtschaftlichen System gedient haben: Wer an seiner Lage selbst schuld sei, müsse sich auch durch eigene Anstrengung daraus befreien. Andererseits empfinden sich viele Ostdeutsche stellvertretend für ganz Deutschland als Verlierer des Weltkrieges, die jetzt noch einmal von vorn anfangen sollen. Weil es nicht hilft, Vorurteile oder Vorwürfe gegenseitig aufzurechnen, müssen beide Teile Deutschlands die Teilung überwinden. Dazu gehört gemeinsamer Aufbau und eben auch Teilen.

3. Was ist aus den vergangenen Jahrzehnten einzubringen, was ist aufzugeben?

Die Funktionsprobleme eines Wirtschaftssystems mit zentraler und totaler Planung sind offenkundig weitaus größer, als das bisher im Blick war. Auch eine mit Hilfe von Computern gesteuerte zentrale Planung scheitert an der für die Komplexität wirtschaftlicher und gesellschaftlicher Prozesse viel zu geringen Vernetzung. Selbst bei technischer Machbarkeit ist der Aufwand für Planung und Rückkoppelung so aufwendig, daß die wirtschaftliche Leistungsfähigkeit leidet. Ein Wirtschaftssystem schafft Lethargie, Versorgungsmentalität, Korruption und Ineffizienz, wenn es die Masse der Menschen von demokratischer Mitbestimmung ausschließt und durch die Verteilung der Leitungsaufgaben nach parteipolitischen Gesichtspunkten Intelligenz vergeudet. Klare Rechtsverhältnisse, die wirkliche Gleichheit garantieren, sichern eine demokratische Form des Zusammenlebens. Ein Wirtschaftssystem, das Leistungen nicht ausreichend stimuliert und honoriert und das dem Arbeitswilligen keine Möglichkeit zu produktiver Arbeit bietet, vermindert das Verantwortungs- und Innovationspotential.

Der Zusammenbruch des alten Systems in der DDR wurde von nicht wenigen als eine Chance zum Aufbau eines verbesserten Sozialismus verstanden. Im Zuge der revolutionären Veränderungen in der DDR konnte diese Erwartung nicht umgesetzt werden, wenngleich die sozialistischen Forderungen nach Gerechtigkeit und Gleichheit für alle in der Wirtschaft nicht gegenstandslos geworden sind. Die durch manche westdeutsche Äußerung geförderte Meinung, es sei nun aber auch alles und jedes in der DDR überholt und schlecht gewesen, führte zu einer Trotzreaktion. Für viele ist Sozialismus ein Leitbild geblieben, allerdings wird er dann als ein von den Fehlern der Zentralverwaltungswirtschaft und des Überwachungsstaates gereinigter verstanden. Gerechtigkeit und Gleichheit für alle werden durch die Festschreibung bestimmter Grundrechte angestrebt: Recht auf Arbeit, zumutbare Wohnungen mit geringen Mietkosten, medizinische, kulturelle und Altersversorgung. Wenn diese Vorstellungen mit der Frage konfrontiert werden, wie denn dies wirtschaftlich erfolgreich verwirklicht werden solle, sehen viele nur die Notwendigkeit einer Diskussion über die eigentlichen Ziele des Wirtschaftens bestätigt. Andere fühlen sich durch solche Vorstellungen an die Lehre vom Klassenkampf erinnert, wie sie in der kommunistischen Ideologie vertreten wird.

Auf keinen Fall dürfen Funktionen und Abläufe in der Wirtschaft zu nicht mehr hinterfragbaren Sachzwängen erklärt werden. Für die Christen in der DDR haben sich das Ziel einer Verringerung der sozialen Gegensätze und eine Haltung, in der Armut nicht als gottgegeben hingenommen wird, tief eingeprägt. Die »Solidarität mit den um ihre Befreiung kämpfenden Völkern« wurde zwar als agitatorische Phrase erkannt, dennoch wurde der Gedanke einer übergreifenden Solidarität verinnerlicht. Ökumenische Kontakte haben dies weiter verstärkt. Die neue Situation läßt viele befürchten, daß Egoismus die in der bisherigen Überlebensgemeinschaft gewachsenen Einstellungen und Fähigkeiten ablöst. Der Umstand, daß auch die Ostdeutschen jetzt zu den Reichen der Welt gehören – was zwar auch für die DDR galt, aber wegen des Niveauunterschiedes zur Bundesrepublik Deutschland oft verdeckt wurde –, verunsichert viele Christen in Ostdeutschland.

Bis zur Vereinigung konnte die Existenz der DDR mit ihren sozialen Leistungen als herausforderndes, stimulierendes Korrektiv und Regulativ für die Soziale Marktwirtschaft verstanden werden. Was tritt nach dem Wegfall des sozialistischen deutschen Staates und der zunächst verschwundenen sozialistischen Utopie an diese Stelle? Sind die sozialen Faktoren der Sozialen Marktwirtschaft auch ohne den Wettbewerb mit einem anderen Modell stark genug, ihre regulierenden Kräfte zur Geltung zu bringen? Welche staatlichen Rahmensetzungen müssen ausdrücklich zur Unterstützung der sozialen Komponente wirksam werden? Im Prozeß der Vereinigung muß auch die Bereitschaft da sein, sich auf einzelne Regelungen aus der Geschichte der DDR einzulassen.

Verletzungen und Benachteiligungen in einem von der SED geführten Staat haben bei vielen Christen Spuren hinterlassen. Tiefes Mißtrauen gegenüber den Aussagen von Regierenden sowie Verdrossenheit gegenüber undurchschaubaren Prozeduren und wirtschaftlichen Mechanismen nehmen sie in die neue Gesellschaft mit. Dies zeigt sich gerade auch im Blick auf Versprechungen vor der Wahl am 2. Dezember 1990. Wenn behauptet wird, die Soziale Marktwirtschaft unterscheide sich erheblich von einer »reinen« Marktwirtschaft, dann wird dafür der Beweis eingefordert, der auch die Erfahrungen der Übergangsperiode einbezieht. Wenn verkündet wird, daß in der freiheitlichen Demokratie wirkliche Partizipation möglich wird, wird die Realität an diesem Anspruch gemessen. Schnell zeigen sich Frustrationen, wenn die Realität hinter dem Anspruch zurückbleibt.

Der Wegfall bisheriger Sinnträger und der Zusammenbruch bisher anerkannter Wertvorstellungen führen in unterschiedliche Auswege. Manche Menschen werden unkritisch anfällig für Heilslehren unterschiedlicher Art, andere überaus skeptisch gegen jede neue Anschauung oder Deutung der Wirklichkeit. Manche passen sich, wie sie sich auch früher angepaßt haben, erneut an das an, was sie für das Bestimmende halten. Was ist für die weitere Entwicklung zu beachten? Die wirtschaftliche Entwicklung wird mittelfristig zu einer Angleichung der Lebensverhältnisse in Deutschland führen. Die Zwischenzeit bis dahin stellt vor eine besondere Aufgabe. Ängste vor Veränderungen und tatsächlich erfahrene Veränderungen bringen die Gefahr von Abgrenzung und Verhärtung mit sich. Gespräche auf verschiedenen Ebenen zwischen den Menschen in den östlichen und den westlichen Bundesländern können Fremdheit abbauen. Es stimmt, daß Teilung auch durch Teilen überwunden werden muß. Aber vor dem Teilen steht das Mitteilen. Wenn die evangelischen Kirchen während der Zeit der Teilung auf mancherlei Ebenen das Gespräch nicht haben abreißen lassen, dann sind sie in der Zeit des Teilens erst recht dazu aufgerufen, dieses Gespräch zu führen und zu fördern.

Anhang B:
Kirchliche Äußerungen zu Wirtschaftsfragen

(in Auswahl)

Die folgende Zusammenstellung informiert über kirchliche Äußerungen zu
Wirtschaftsfragen, die vor der hier vorgelegten Denkschrift veröffentlicht
worden sind. Sie will die Denkschrift, die sich in grundsätzlicher Weise mit
den Fragen des wirtschaftlichen Handelns beschäftigt und die verschiedenen
wirtschaftlichen Teilbereiche und Einzelprobleme nur exemplarisch an-
spricht, ergänzen und entlasten. Damit die Zusammenstellung diese Funktion
besser erfüllen kann, sind die Äußerungen zu Wirtschaftsfragen aus der
Evangelischen Kirche in Deutschland in Abschnitt 1 nach Sachgebieten geord-
net.

Die Hefte der Reihe *EKD-TEXTE* werden vom Kirchenamt der Evangelischen Kirche in Deutschland (EKD), Herrenhäuser Str. 12, 3000 Hannover 21,
herausgegeben.

Die Sammelbände *Die Denkschriften der Evangelischen Kirche in Deutsch-
land* (Band 1/1: Frieden, Versöhnung und Menschenrechte, GTB 413,
Gütersloh 1988; Band 2 [ab der 2. Aufl. 1986: Band 2/1]: Soziale Ordnung,
Wirtschaft, Staat, GTB 415, Gütersloh 1991) werden unter der Abkürzung
»Denkschriften« und mit der Angabe der Bandnummer zitiert.

1. aus der Evangelischen Kirche in Deutschland (EKD)

a) zu grundsätzlichen Fragen der wirtschaftlichen Ordnung

Leistung und Wettbewerb. Sozialethische Überlegungen zur Frage des Lei-
stungsprinzips und der Wettbewerbsgesellschaft. Eine Denkschrift der Kammer der EKD für soziale Ordnung, Gütersloh 1978

b) zur Verantwortung wirtschaftlichen Handelns für die Bewahrung der Schöpfung

- Zu den gegenwärtigen Bedingungen und Aufgaben von Schöpfungsverantwortung. Bericht des Wissenschaftlichen Beirats des Ratsbeauftragten für Umweltfragen an den Rat der Evangelischen Kirche in Deutschland, 1988 (als Manuskript herausgegeben vom Kirchenamt der EKD, Herrenhäuser Str. 12, 3000 Hannover 21)
- Energieeinsparung – Umrisse einer umweltgerechten Politik im Angesicht der Klimagefährdung. Ein Diskussionsbeitrag des Wissenschaftlichen Beirats des Beauftragten für Umweltfragen des Rates der Evangelischen Kirche in Deutschland, EKD-Texte 31, 1990
- Einverständnis mit der Schöpfung. Ein Beitrag zur ethischen Urteilsbildung im Blick auf die Gentechnik und ihre Anwendung bei Mikroorganismen, Pflanzen und Tieren. Vorgelegt von einer Arbeitsgruppe der EKD, Gütersloh 1991
- Die ökologische Krise als Nord-Süd-Problem. Fallbeispiel Amazonien. Eine Studie der Kammer der EKD für Kirchlichen Entwicklungsdienst, Gütersloh 1991

c) zu Fragen der Weltwirtschaft

- Der Entwicklungsdienst der Kirche – ein Beitrag für Frieden und Gerechtigkeit in der Welt. Eine Denkschrift der Kammer der EKD für Kirchlichen Entwicklungsdienst, 1973 (jetzt in: Denkschriften 1/1, S. 137–188)
- Rüstung und Entwicklung – Ein Diskussionsbeitrag zur Problematik des Rüstungsexportes, erarbeitet von der Kammer der EKD für Kirchlichen Entwicklungsdienst, 1981 (veröffentlicht 1984 vom Kirchlichen Entwicklungsdienst der EKD, Herrenhäuser Str. 12, 3000 Hannover 21, in dem Heft »Rüstung und Entwicklung«)
- Weltbevölkerungswachstum als Herausforderung an die Kirchen. Eine Studie der Kammer der EKD für Kirchlichen Entwicklungsdienst, Gütersloh 1984
- Auf dem Weg zu einer neuen Entwicklungspolitik der Europäischen Gemeinschaft. Ein Diskussionsbeitrag der Kammer der EKD für Kirchlichen Entwicklungsdienst, 1984 (herausgegeben vom Kirchenamt der EKD, Herrenhäuser Str. 12, 3000 Hannover 21)
- Transnationale Unternehmen als Thema der Entwicklungspolitik. Ein Diskussionsbeitrag der Kammer der EKD für Kirchlichen Entwicklungsdienst,

1985 (veröffentlicht als Heft 34 der »texte zum Kirchlichen Entwicklungsdienst« und herausgegeben von »Dienste in Übersee«, Verlag Dienste in Übersee, Bundesstr. 83, 2000 Hamburg 13)
● Bewältigung der Schuldenkrise – Prüfstein der Nord-Süd-Beziehungen. Eine Stellungnahme der Kammer der EKD für Kirchlichen Entwicklungsdienst, EKD-Texte 23, 1988

d) zu sozialpolitischen Fragen

● Eigentumsbildung in sozialer Verantwortung. Eine Denkschrift zur Eigentumsfrage in der Bundesrepublik Deutschland, 1962 (jetzt in: Denkschriften 2, S. 19–32)
● Die Neuordnung der Landwirtschaft in der Bundesrepublik Deutschland als gesellschaftliche Aufgabe. Eine evangelische Denkschrift, 1965 (jetzt in: Denkschriften 2, S. 55–79)
● Die soziale Sicherung im Industriezeitalter. Eine Denkschrift der Kammer für soziale Ordnung der EKD, 1973 (jetzt in: Denkschriften 2, S. 115–159)
● Solidargemeinschaft von Arbeitenden und Arbeitslosen – Sozialethische Probleme der Arbeitslosigkeit. Eine Studie der Kammer der EKD für soziale Ordnung, Gütersloh 1982
● Landwirtschaft im Spannungsfeld zwischen Wachsen und Weichen, Ökologie und Ökonomie, Hunger und Überfluß. Eine Denkschrift der Kammer der EKD für soziale Ordnung, Gütersloh 1984
● Gezielte Hilfen für Langzeitarbeitslose. Probleme der Langzeitarbeitslosen, arbeitsmarktpolitische Überlegungen. Eine Ausarbeitung der Kammer der EKD für soziale Ordnung, EKD-Texte 19, 1987
● Alterssicherung – die Notwendigkeit einer Neuordnung. Eine Denkschrift der Kammer der EKD für soziale Ordnung, Gütersloh 1987
● Arbeit, Leben und Gesundheit. Perspektiven, Forderungen und Empfehlungen zum Gesundheitsschutz am Arbeitsplatz. Eine Studie der Kammer der EKD für soziale Ordnung, Gütersloh 1990

e) zur Frage der Mitbestimmung in der Wirtschaft

● Sozialethische Erwägungen zur Mitbestimmung in der Wirtschaft der Bundesrepublik Deutschland. Eine Studie der Kammer für soziale Ordnung, 1968 (jetzt in: Denkschriften 2, S. 85–111)

f) zu weiteren Teilbereichen

- Die Frau in Familie, Kirche und Gesellschaft. Eine Studie zum gemeinsamen Leben von Frau und Mann. Vorgelegt von einem Ausschuß der EKD, Gütersloh 1979
- Menschengerechte Stadt. Aufforderung zur humanen und ökologischen Stadterneuerung. Ein Beitrag der Kammer der EKD für soziale Ordnung, Gütersloh 1984
- Die neuen Informations- und Kommunikationstechniken. Chancen, Gefahren, Aufgaben verantwortlicher Gestaltung. Eine Studie der Kammer der EKD für soziale Ordnung und der Kammer der EKD für publizistische Arbeit, Gütersloh 1985

2. aus den evangelischen Kirchen der ehemaligen DDR

Verantwortlich wirtschaften. Studie zu Fragen christlicher Wirtschaftsethik. Erarbeitet vom Theologischen Studienausschuß des Nationalkomitees des Lutherischen Weltbundes in der DDR, 1990 (als Manuskript veröffentlicht vom Nationalkomitee des Lutherischen Weltbundes in der DDR, Auguststr. 80, DDR-1040 Berlin)

3. gemeinsam aus der Evangelischen Kirche in Deutschland (EKD) und dem Bund der Evangelischen Kirchen (BEK)

Ost und West – herausgefordert zu mehr Gerechtigkeit in der Weltwirtschaft. Ein Diskussionsbeitrag, vorgelegt vom Facharbeitskreis ökumenische Diakonie des BEKDDR und der Kammer der EKD für Kirchlichen Entwicklungsdienst, 1989 (veröffentlicht als Heft 46 der »texte zum Kirchlichen Entwicklungsdienst« und herausgegeben vom Verlag Dienste in Übersee, Bundesstraße 83, 2000 Hamburg 13)

4. gemeinsam aus der Evangelischen Kirche in Deutschland (EKD) und der Deutschen Bischofskonferenz

- Verantwortung wahrnehmen für die Schöpfung. Gemeinsame Erklärung des Rates der EKD und der Deutschen Bischofskonferenz, Gütersloh 1985
- Unsere Verantwortung für den Sonntag. Gemeinsame Erklärung der Deutschen Bischofskonferenz und des Rates der EKD, EKD-Texte 22, 1988
- Gott ist ein Freund des Lebens. Herausforderungen und Aufgaben beim Schutz des Lebens. Gemeinsame Erklärung des Rates der EKD und der Deutschen Bischofskonferenz in Verbindung mit den übrigen Mitglieds- und Gastkirchen der Arbeitsgemeinschaft christlicher Kirchen in der Bundesrepublik Deutschland und Berlin (West), Gütersloh 1989

5. aus der Gemeinsamen Konferenz Kirche und Entwicklung (GKKE)

Die Veröffentlichungen der Gemeinsamen Konferenz Kirche und Entwicklung sind vom Kirchenamt der EKD, Herrenhäuser Str. 12, 3000 Hannover 21, sowie der Deutschen Kommission Justitia et Pax, Kaiserstr. 163, 5300 Bonn 1, zu beziehen.

- Soziale Gerechtigkeit und internationale Wirtschaftsordnung. Memorandum zur 4. Konferenz der Vereinten Nationen für Handel und Entwicklung (UNCTAD IV) 1976 (jetzt in: Denkschriften 1/1, S. 191–224)
- Partner in der Weltwirtschaft. Kirchliche Erklärungen zur internationalen Wirtschaftsordnung aus Anlaß der 3. bis 5. Konferenz der Vereinten Nationen für Handel und Entwicklung (UNCTAD), GKKE 5, 1983
- Solidarität in der Krise – Das Gebot der Stunde. Erklärung der GKKE aus Anlaß der 6. Konferenz der Vereinten Nationen für Handel und Entwicklung (UNCTAD VI), GKKE 7, 1983
- Entwicklung und Rüstung. Beiträge der GKKE zur Öffentlichen Anhörung des Bundestagsausschusses für wirtschaftliche Zusammenarbeit am 22. Februar 1984 in Bonn und Stellungnahme der GKKE vom 9. September 1985, GKKE 9, 1986

- Für eine Wirtschaft der Armen. Das »Potential der Kleinen« in der Entwicklungsarbeit. Beiträge der GKKE zur Öffentlichen Anhörung des Bundestagsausschusses für wirtschaftliche Zusammenarbeit am 12. Juni 1985 in Bonn, GKKE 11, 1986
- Der Internationale Währungsfonds, die Weltbank und die Armen. Beiträge der GKKE zur Öffentlichen Anhörung des Bundestagsausschusses für wirtschaftliche Zusammenarbeit am 5. November 1986 in Bonn, GKKE 13, 1987
- Die internationale Verschuldungskrise geht uns alle an. Beiträge der GKKE zur Öffentlichen Anhörung des Bundesausschusses für wirtschaftliche Zusammenarbeit am 18. April 1988 in Bonn, GKKE 16, 1988
- Neuordnung der Agrarpolitik als gesellschaftliche Herausforderung. Erklärung der GKKE und des Deutschen Bauernverbandes, GKKE 17, 1989

6. aus dem »konziliaren Prozeß gegenseitiger Verpflichtung für Gerechtigkeit, Frieden und Bewahrung der Schöpfung«

- Gottes Gaben – Unsere Aufgabe. Die Erklärung von Stuttgart. Forum »Gerechtigkeit, Frieden und Bewahrung der Schöpfung« der Arbeitsgemeinschaft christlicher Kirchen in der Bundesrepublik Deutschland und Berlin (West) Stuttgart, 20.–22. Oktober 1988 (veröffentlicht u. a. in: Frieden in Gerechtigkeit für die ganze Schöpfung, EKD-Texte 27, 1989, S. 63–118)
- Ergebnistexte der Ökumenischen Versammlung für Gerechtigkeit, Frieden und Bewahrung der Schöpfung der Kirchen in der DDR Dresden, 26.–30. April 1989 (veröffentlicht u. a. in: Ökumenische Versammlung für Gerechtigkeit, Frieden und Bewahrung der Schöpfung. Dresden-Magdeburg-Dresden. Eine Dokumentation, herausgegeben von der Aktion Sühnezeichen / Friedensdienste, Jebensstraße 1, 1000 Berlin 12, 1990)
- Europäische Ökumenische Versammlung Frieden in Gerechtigkeit Basel, 15.–21. Mai 1989. Dokument und Botschaft (veröffentlicht u. a. in: Frieden in Gerechtigkeit für die ganze Schöpfung, EKD-Texte 27, 1989, S. 3–54)
- Ergebnistexte der Weltversammlung für Gerechtigkeit, Frieden und die Bewahrung der Schöpfung Seoul, 5.–12. März 1990 (veröffentlicht u. a. in: Die Kirche im konziliaren Prozeß gegenseitiger Verpflichtung für Gerechtigkeit, Frieden und Bewahrung der Schöpfung, EKD-Texte 33, 1990)

Ergänzende Hinweise

a) auf Äußerungen zur Wirtschaft aus Kirchen außerhalb Deutschlands

- *Faith in the City. A Call for Action by Church and Nation. The Report of the Archbishop of Canterbury's Commission on Urban Priority Areas, Church House Publishing, London 1985*
- *Economic Justice for All: Catholic Social Teaching and the U.S. Economy, Hirtenbrief der Nationalen Konferenz der katholischen Bischöfe der USA, engl. 1986 (dt. »Wirtschaftliche Gerechtigkeit für alle«, veröffentlicht 1987 als Publik-Forum-Dokumentation [Hg.: Katholische Sozialakademie Österreichs und Publik-Forum], vom Institut für Gesellschaftswissenschaften Walberberg [in: Die Neue Ordnung Februar 1987] sowie als Nr. 26 der »Stimmen der Weltkirche« vom Sekretariat der Deutschen Bischofskonferenz)*
- *Christian Faith and Economic Life. A Study Paper Contributing to a Pronouncement for the Seventeenth General Synod of the United Church of Christ. Edited by A. Ch. Smock, 1987 (erhältlich bei: United Church Board for World Ministries, 475 Riverside Drive, New York)*
- *The Political Economy of the Holy Spirit, Arbeitshilfe der »Kommission für Kirchlichen Entwicklungsdienst« (CCPD) des Ökumenischen Rates der Kirchen, 1990 (dt. »Die politische Ökonomie des Heiligen Geistes« als Beilage zu Heft 12/1990 der »Jungen Kirche«)*
- *Enzyklika CENTESIMUS ANNUS Seiner Heiligkeit Papst Johannes Paul II.... zum hundertsten Jahrestag von RERUM NOVARUM vom 1. Mai 1991 (dt. erschienen als Nr. 101 der »Verlautbarungen des Apostolischen Stuhls« beim Sekretariat der Deutschen Bischofskonferenz, dort S. 70 ff.75 ff. Angaben über weitere Äußerungen der katholischen Kirche zu Wirtschaftsfragen)*

b) auf die Arbeit der Weltkommissionen der Vereinten Nationen

- *Das Überleben sichern. Gemeinsame Interessen der Industrie- und Entwicklungsländer. Bericht der Nord-Süd-Kommission. Mit einer Einleitung des Vorsitzenden Willy Brandt, Köln 1980 (engl. Programme for Survival 1979)*

- *Der Palme-Bericht, Berlin 1982 (engl. Common Security 1981)*
- *Unsere gemeinsame Zukunft. Der Brundtland-Bericht der Weltkommission für Umwelt und Entwicklung, Greven 1987 (engl. The Common Future 1987)*

Anhang C:
Statistische Übersichten

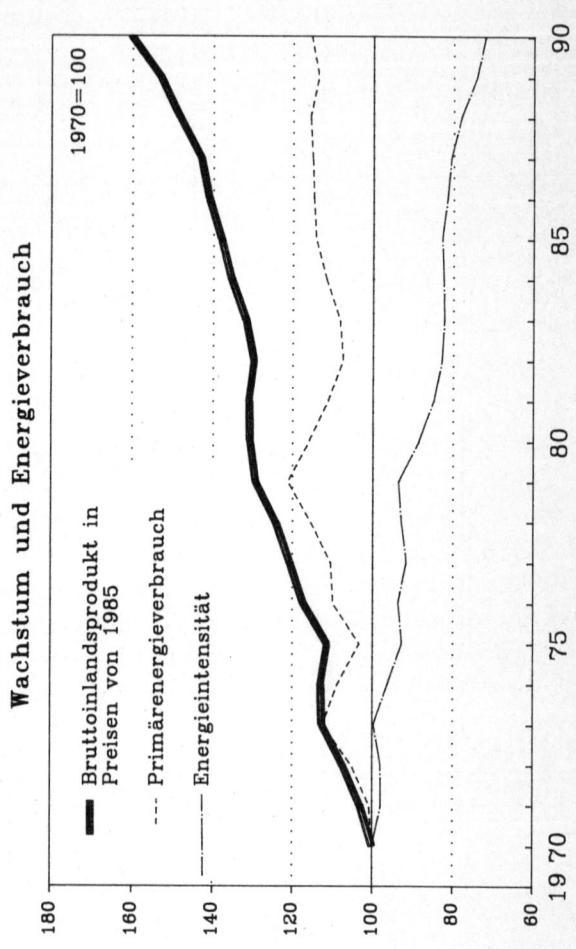

Schaubild 1

Wirtschaftswachstum, Energieverbrauch
und Umweltschutz

Wachstum und Energieverbrauch

— Bruttoinlandsprodukt in
  Preisen von 1985
--- Primärenergieverbrauch
-·- Energieintensität

1970=100

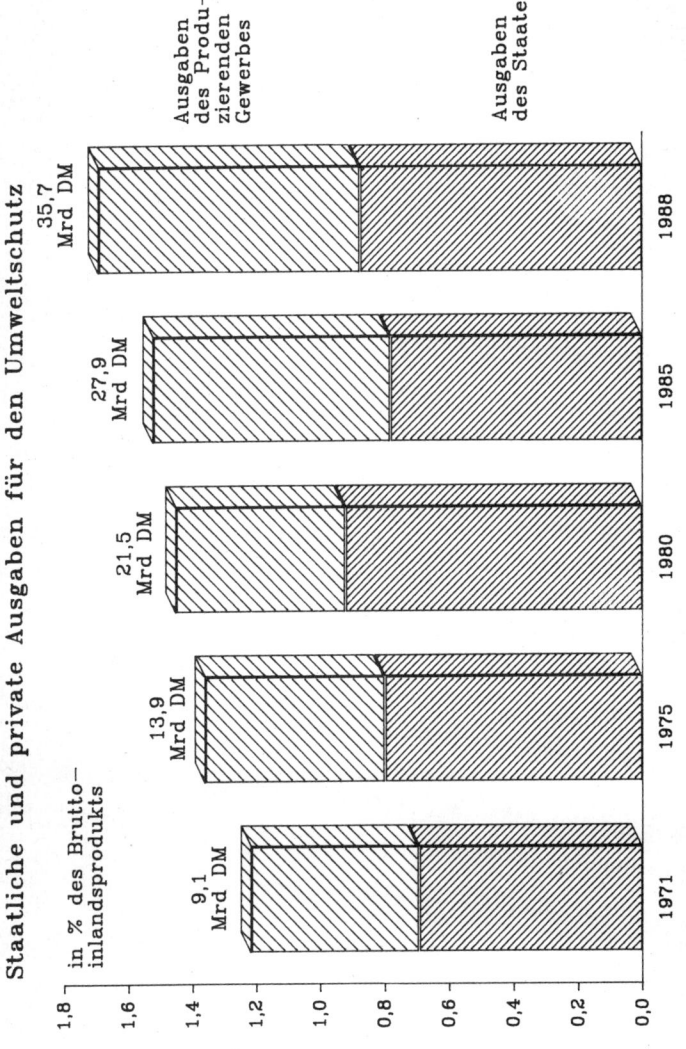

Staatliche und private Ausgaben für den Umweltschutz

in % des Brutto-
inlandsprodukts

1,8
1,6
1,4
1,2
1,0
0,8
0,6
0,4
0,2
0,0

9,1 Mrd DM   1971
13,9 Mrd DM   1975
21,5 Mrd DM   1980
27,9 Mrd DM   1985
35,7 Mrd DM   1988

Ausgaben des Produzierenden Gewerbes

Ausgaben des Staates

Quellen: Statistisches Bundesamt— Arbeitsgem. Energiebilanzen.

LZB/N Vo

Quellen: Statistisches Bundesamt;
Institut für Arbeitsmarkt- und Berufsforschung.   LZB/N Vo

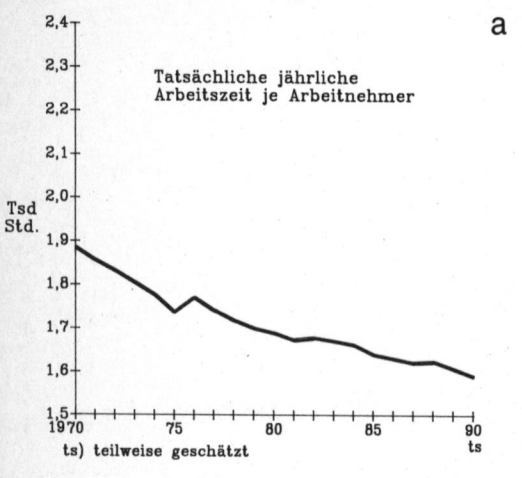

a

Tatsächliche jährliche
Arbeitszeit je Arbeitnehmer

Tsd Std.

ts) teilweise geschätzt

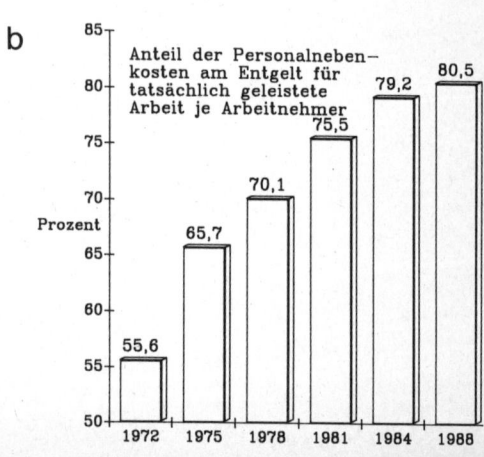

b

Anteil der Personalneben-
kosten am Entgelt für
tatsächlich geleistete
Arbeit je Arbeitnehmer

Prozent

55,6   65,7   70,1   75,5   79,2   80,5
1972 1975 1978 1981 1984 1988

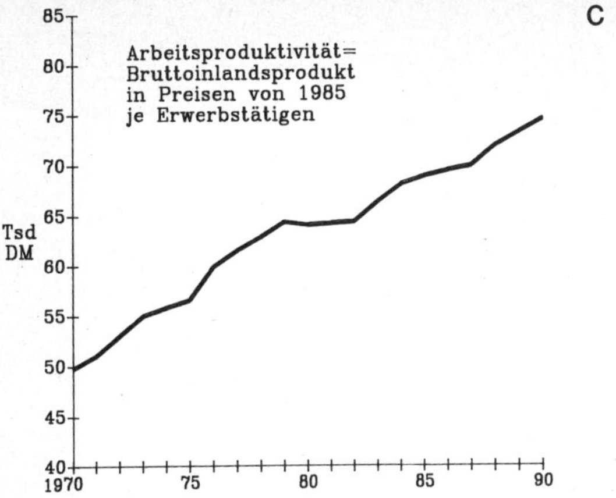

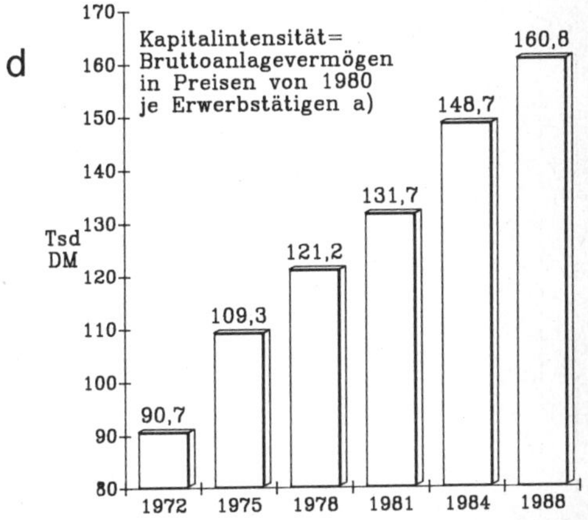

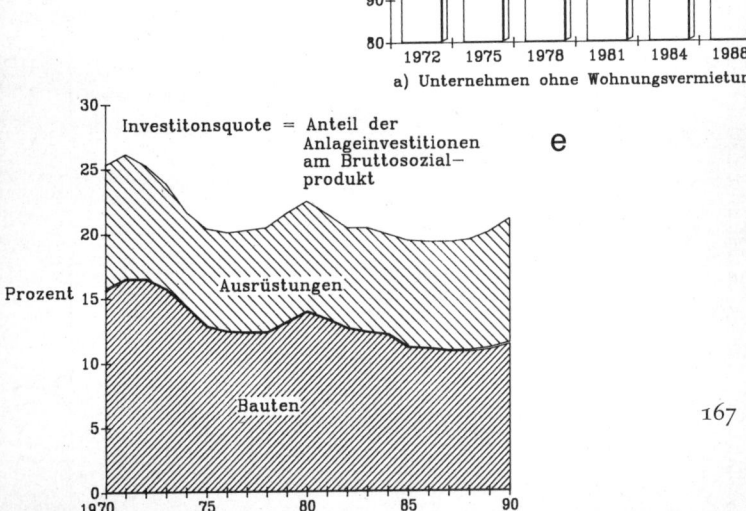

c

Arbeitsproduktivität=
Bruttoinlandsprodukt
in Preisen von 1985
je Erwerbstätigen

Tsd DM

d

Kapitalintensität=
Bruttoanlagevermögen
in Preisen von 1980
je Erwerbstätigen a)

Tsd DM

160,8
148,7
131,7
121,2
109,3
90,7

1972 1975 1978 1981 1984 1988

a) Unternehmen ohne Wohnungsvermietung.

e

Investitonsquote = Anteil der
Anlageinvestitionen
am Bruttosozial-
produkt

Prozent

Ausrüstungen

Bauten

167

Schaubild 3a

Erwerbstätigkeit und Arbeitslosigkeit

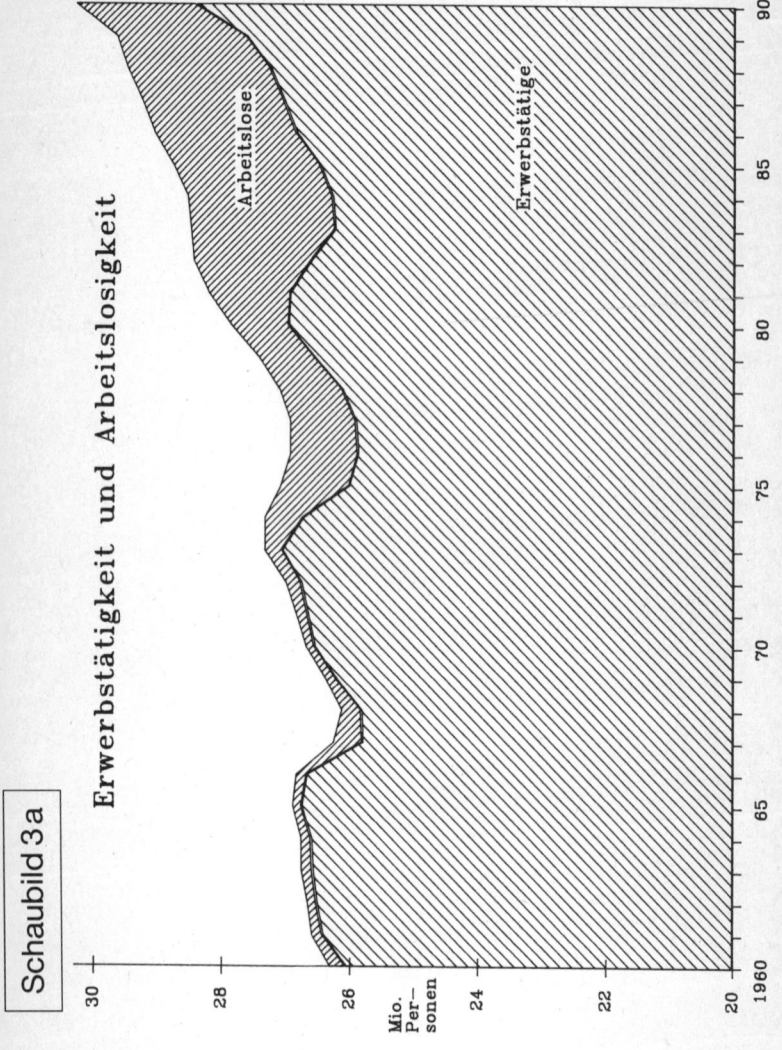

Vermittlungsrisiken bei Arbeitslosen

Stand Ende September 1989 in Prozent

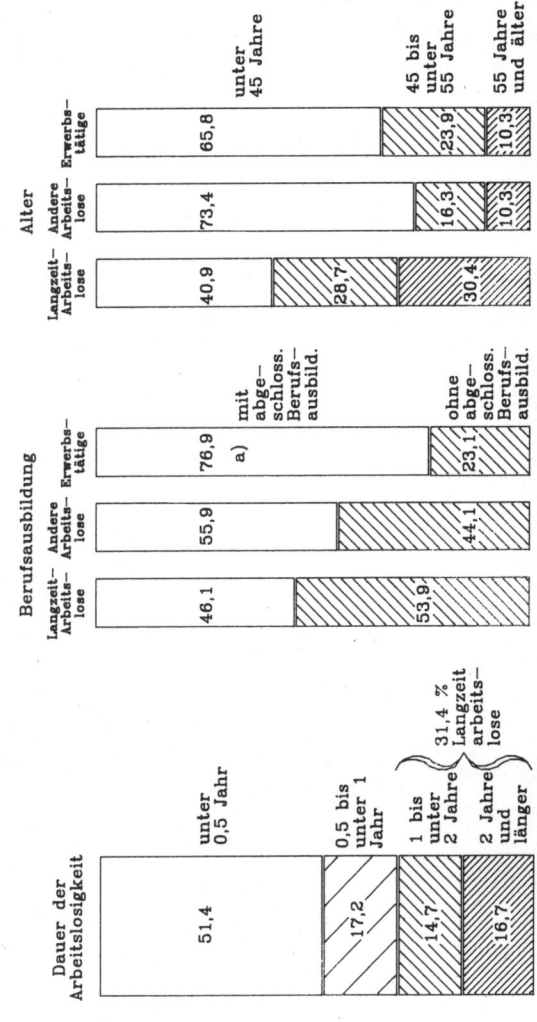

Dauer der Arbeitslosigkeit

- 51,4 — unter 0,5 Jahr
- 17,2 — 0,5 bis unter 1 Jahr
- 14,7 — 1 bis unter 2 Jahre
- 16,7 — 2 Jahre und länger

31,4 % Langzeitarbeitslose

Berufsausbildung

	Langzeit-Arbeitslose	Andere Arbeitslose	Erwerbstätige
mit abgeschloss. Berufsausbild.	46,1	55,9	76,9 a)
ohne abgeschloss. Berufsausbild.	53,9	44,1	23,1

a) Einschließlich keine Angaben.

Alter

	Langzeit-Arbeitslose	Andere Arbeitslose	Erwerbstätige
unter 45 Jahre	40,9	73,4	65,8
45 bis unter 55 Jahre	28,7	16,3	23,9
55 Jahre und älter	30,4	10,3	10,3

Quellen: Statistisches Bundesamt; Bundesanstalt für Arbeit.

LZB/N Vo

Schaubild 4

Staatliche Umverteilung und verfügbare Einkommen 1988

Die staatliche Umverteilung

Monatliches Bruttoerwerbs- und Vermögenseinkommen je Haushalt

unter 1000 DM: 1759
1000 – 2000 DM: 1850
2000 – 3000 DM: 896
3000 – 4000 DM: –604
4000 – 5000 DM: –1504
5000 – 6000 DM: –2011
6000 – 7000 DM: –2488
7000 – 8000 DM: –2945
8000 – 9000 DM: –3368
9000 – 10000 DM: –3759
10000 – 15000 DM: –4267
15000 – 20000 DM: –5873
20000 – 25000 DM: –6950
25000 und mehr DM: –9751

Monatlicher Umverteilungssaldo a)
je Haushalt in DM

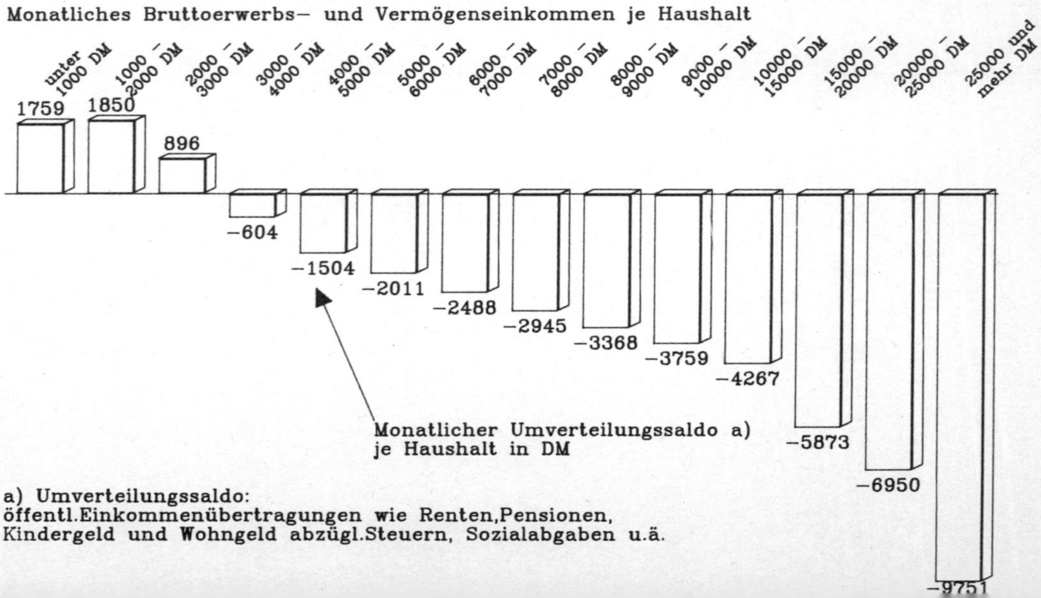

a) Umverteilungssaldo:
öffentl.Einkommensübertragungen wie Renten,Pensionen,
Kindergeld und Wohngeld abzügl.Steuern, Sozialabgaben u.ä.

Verteilung der verfügbaren Einkommen

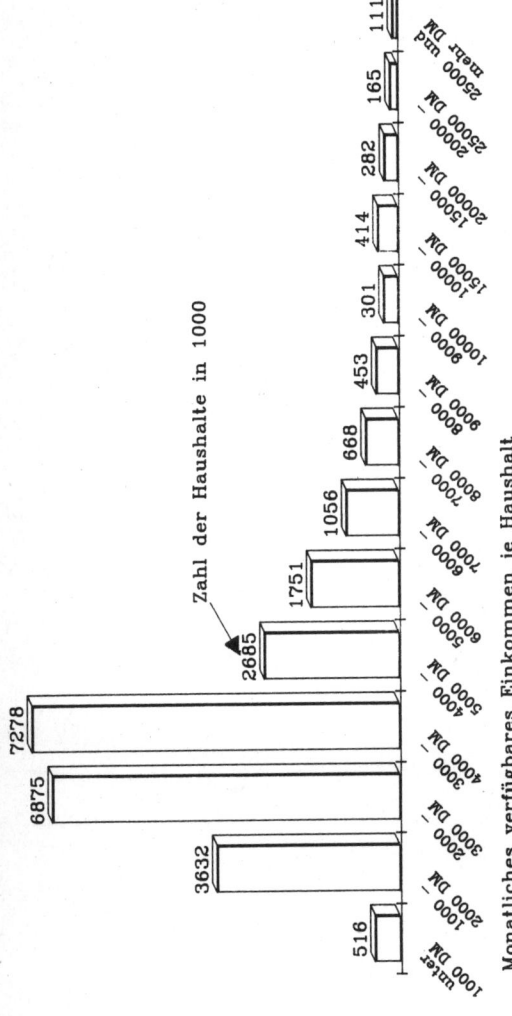

Zahl der Haushalte in 1000

	unter 1000 DM	1000 bis 2000 DM	2000 bis 3000 DM	3000 bis 4000 DM	4000 bis 5000 DM	5000 bis 6000 DM	6000 bis 7000 DM	7000 bis 8000 DM	8000 bis 9000 DM	9000 bis 10000 DM	10000 bis 15000 DM	15000 bis 20000 DM	20000 bis 25000 DM	25000 und mehr DM
	516	3632	6875	7278	2685	1751	1056	668	453	301	414	282	165	111

Monatliches verfügbares Einkommen je Haushalt

Quelle: Institut der deutschen Wirtschaft, Köln, iwd 27, 5.07.90   LZB/N Vo

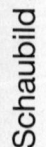

Schaubild 5

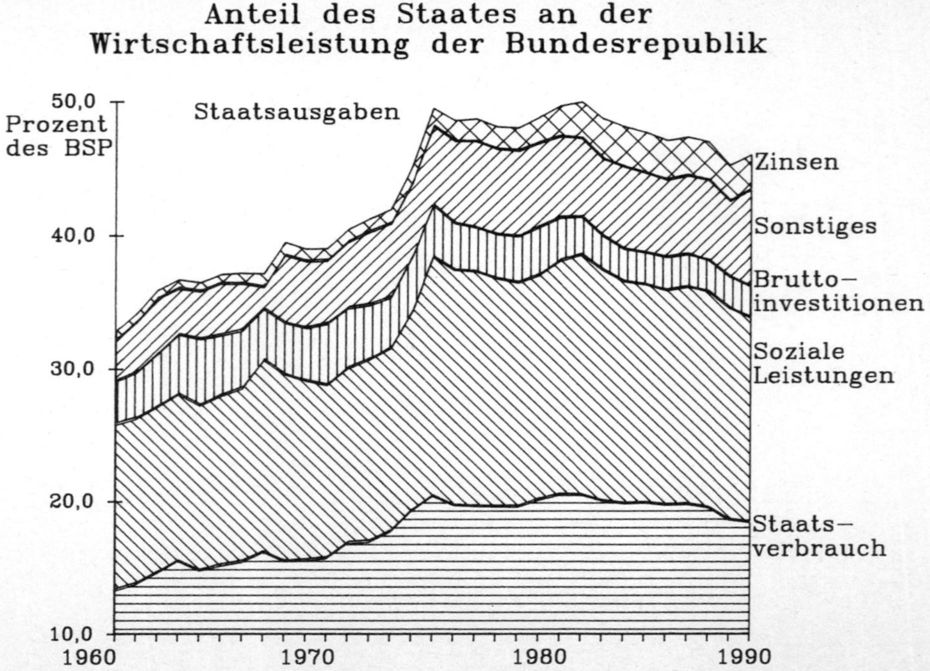

Anteil des Staates an der Wirtschaftsleistung der Bundesrepublik

Prozent
des BSP

50,0

40,0

30,0

20,0

10,0

1960   1970   1980   1990

Staatsausgaben

Zinsen

Sonstiges

Brutto—
investitionen

Soziale
Leistungen

Staats—
verbrauch

172

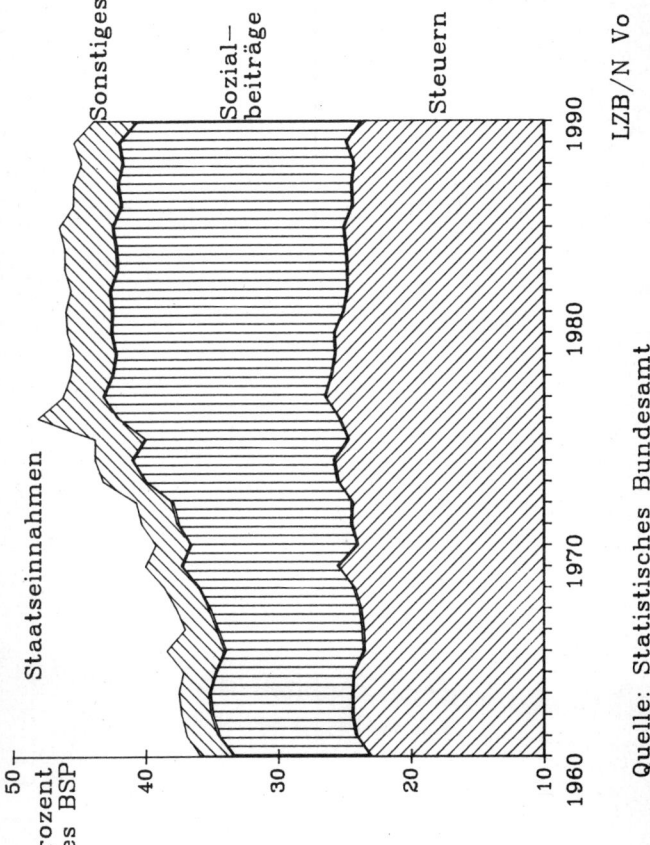

Staatseinnahmen

Prozent
des BSP

Sonstiges

Sozial-
beiträge

Steuern

Quelle: Statistisches Bundesamt

LZB/N Vo

173

Schaubild 6a

Geldvermögen und Vermögenserträge privater Haushalte
in der Bundesrepublik Deutschland

Geldvermögen der privaten Haushalte Ende 1990 nach Anlagearten

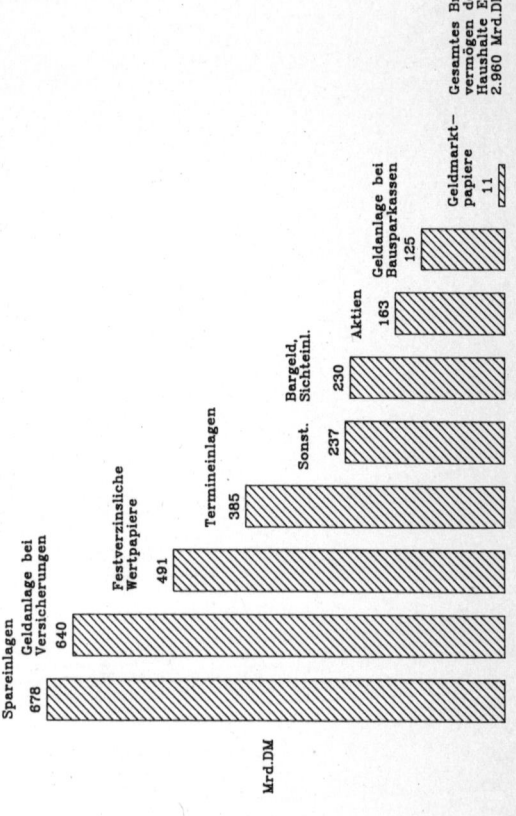

Gesamtes Brutto-Geld-
vermögen der privaten
Haushalte Ende 1990:
2.960 Mrd.DM

Schaubild 6b

Aufteilung der Vermögenseinkommen der privaten Haushalte im Jahre 1990

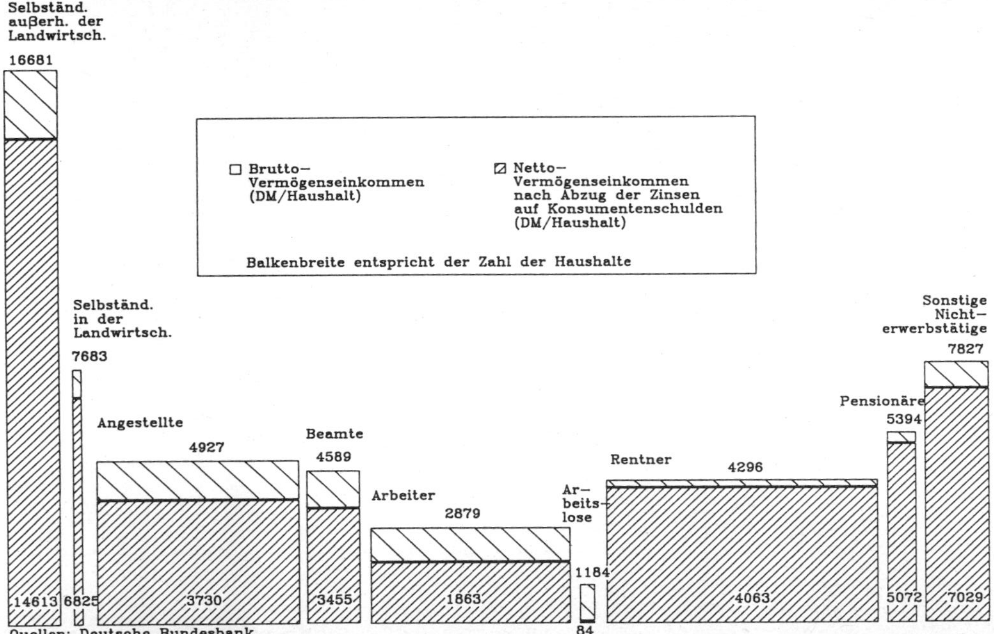

Legende:

□ Brutto-Vermögenseinkommen (DM/Haushalt)

▨ Netto-Vermögenseinkommen nach Abzug der Zinsen auf Konsumentenschulden (DM/Haushalt)

Balkenbreite entspricht der Zahl der Haushalte

Selbständ. außerh. der Landwirtsch. 16681 14613 6825

Selbständ. in der Landwirtsch. 7683

Angestellte 4927 3730

Beamte 4589 3455

Arbeiter 2879 1863

Arbeits-lose 1184 84

Rentner 4296 4063

Pensionäre 5394 5072

Sonstige Nicht-erwerbstätige 7827 7029

Quellen: Deutsche Bundesbank.
Deutsches Institut für Wirtschaftsforschung, Wochenbericht 58, Nr. 31. 1. Aug. 1991

LZB/N Vo

Schaubild 7a — Entwicklung der deutschen Außenhandelsverflechtung

Sektor	Sektorale Marktdurchdringungsrate[a]				Sektorale Exportquote[b]			
	1970	1976	1983	1989	1970	1976	1983	1989
Nahrungs- und Genußmittelindustrie	12,4	14,8	16,7	21,8	4,6	8,9	13,2	20,0
Grundstoff- und Produktionsgüterindustrie	21,1	25,4	34,4	42,8	21,6	30,8	35,2	45,9
dar.: Eisen und Stahl	20,1	25,6	36,7	48,5	23,7	35,1	46,8	57,1
Chemische Industrie	19,8	23,7	33,8	42,4	34,5	36,9	46,9	54,6
Investitionsgüterindustrie	15,4	21,1	28,6	39,7	33,7	43,4	47,4	56,4
dar.: Maschinenbau	16,9	19,9	24,4	31,2	42,8	53,8	53,8	58,9
Straßenfahrzeugbau	17,1	23,8	25,7	34,8	43,4	51,6	54,2	60,2
Elektrotechn. Ind.	12,9	19,3	27,2	42,5	23,6	32,6	37,4	52,0
Verbrauchsgüterindustrie	15,8	24,4	31,1	39,2	14,7	21,9	28,4	37,8
dar.: Textilgewerbe	24,7	38,4	53,0	69,0	17,8	32,7	46,8	66,0
Bekleidungsgewerbe	14,9	33,0	44,0	72,4	7,7	17,4	27,5	55,4

a) Sektorale Marktdurchdringungsrate: Import in Prozent des Inlandsverbrauchs
(Inlandsproduktion plus Import minus Export)

b) Sektorale Exportquote: Exporte in Prozent der Inlandsproduktion

Quelle: Statistisches Bundesamt, Fachserie 4, Reihe 3.1:
Produktion im Produzierenden Gewerbe

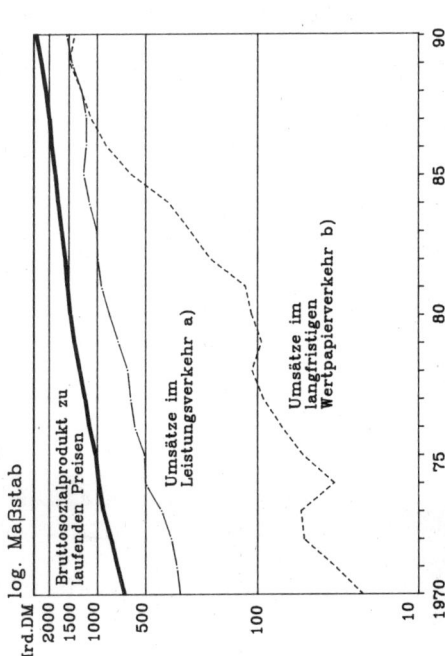

Schaubild 7b

Güterwirtschaftliche und finanzielle
Verflechtung der Bundesrepublik mit dem Ausland

Mrd.DM   log. Maßstab

2000
1500
1000   Bruttosozialprodukt zu
        laufenden Preisen
500

        Umsätze im
        Leistungsverkehr a)
100

        Umsätze im
        langfristigen
        Wertpapierverkehr b)

10
1970   75   80   85   90

a) Summe der Einnahmen und Ausgaben in der Handels-
und Dienstleistungsbilanz (einschl. Ergänzungen). - b) Summe
der statistisch erfaßten Neuanlagen und Liquidationen.
Quelle: Deutsche Bundesbank

LZB/N Vo

177

Schaubild 8

Entwicklungshilfe der Bundesrepublik und anderer Staaten

Öffentliche und private Hilfe
der Bundesrepublik Deutschland

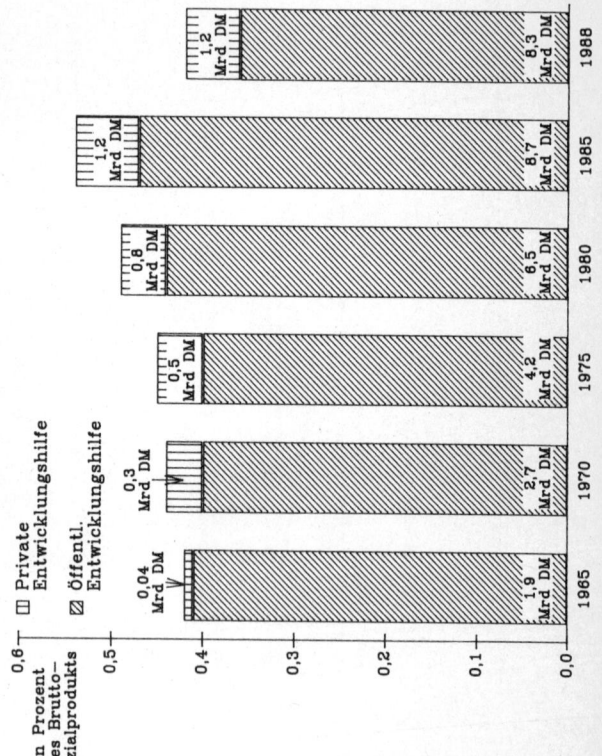

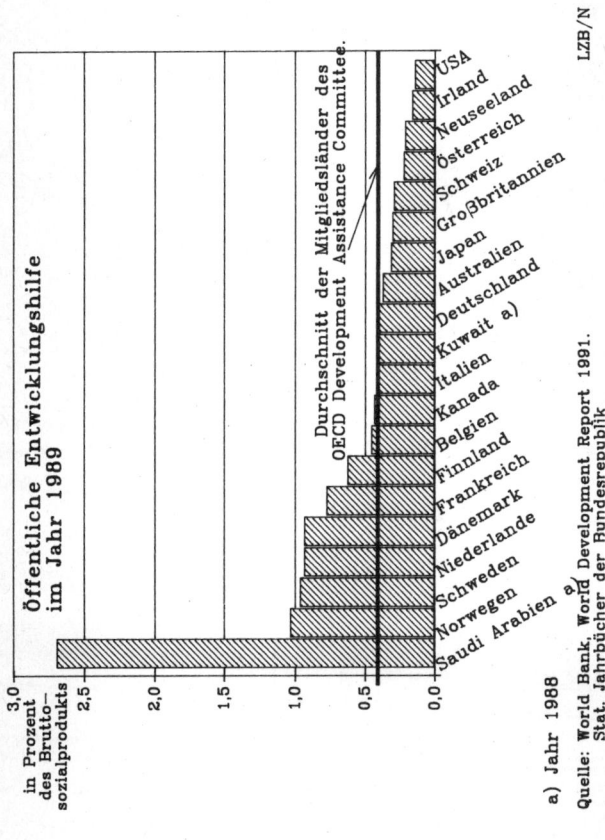

Öffentliche Entwicklungshilfe im Jahr 1989

in Prozent des Brutto—sozialprodukts

3,0 — 2,5 — 2,0 — 1,5 — 1,0 — 0,5 — 0,0

Durchschnitt der Mitgliedsländer des OECD Development Assistance Committee.

Saudi Arabien a) — Norwegen — Schweden — Niederlande — Dänemark — Frankreich — Finnland — Belgien — Kanada — Italien — Kuwait a) — Deutschland — Australien — Japan — Großbritannien — Schweiz — Österreich — Neuseeland — Irland — USA

a) Jahr 1988

Quelle: World Bank, World Development Report 1991. Stat. Jahrbücher der Bundesreubik.

LZB/N Vo

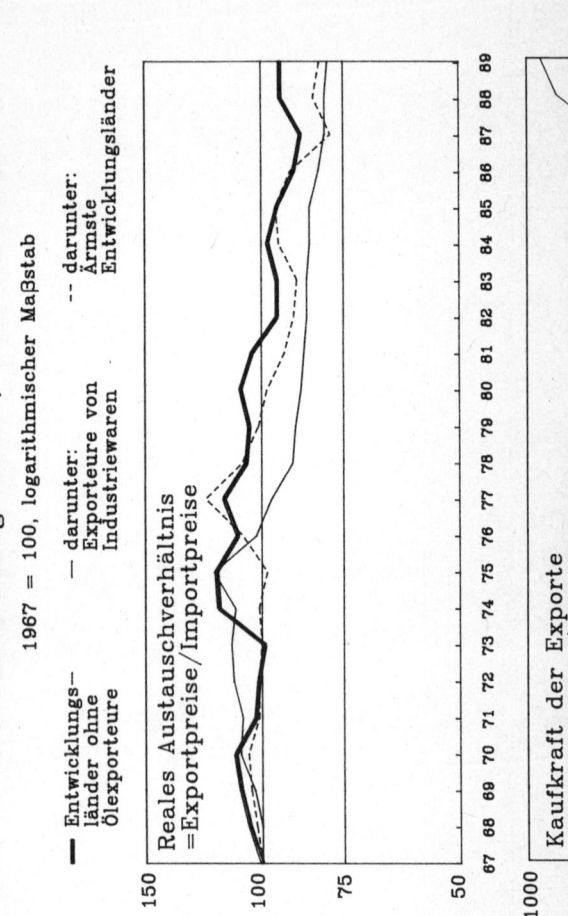

Schaubild 9

Entwicklung der Preisverhältnisse im Außenhandel der Entwicklungsländer, 1967 bis 1989

1967 = 100, logarithmischer Maßstab

— Entwicklungs-
länder ohne
Ölexporteure

-- darunter:
Exporteure von
Industriewaren

-- darunter:
Ärmste
Entwicklungsländer

Reales Austauschverhältnis
=Exportpreise/Importpreise

Kaufkraft der Exporte
=Exportumsatz/Importpreise

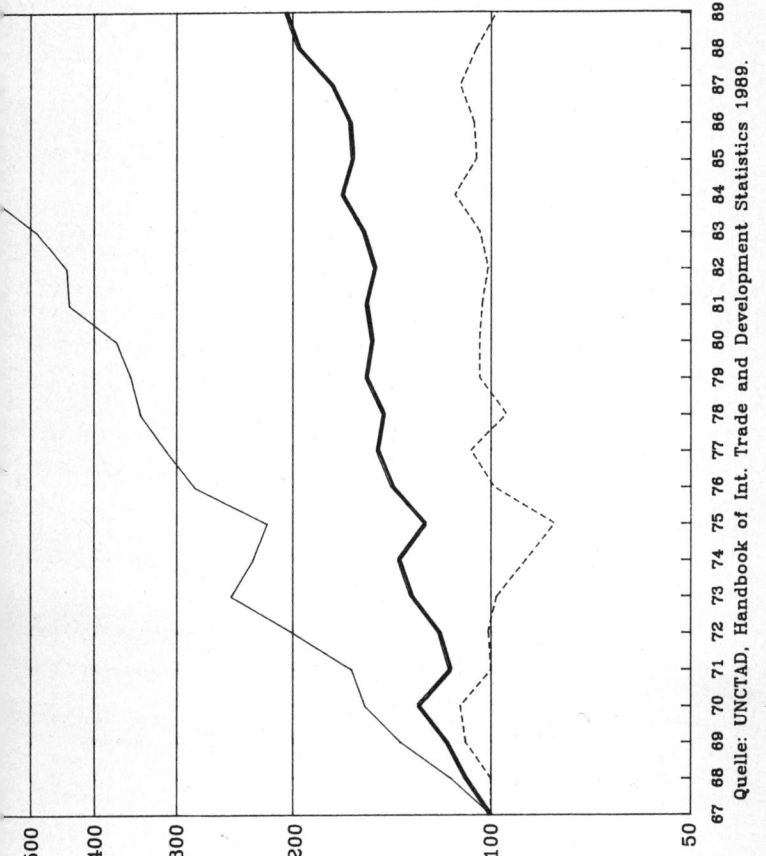

Quelle: UNCTAD, Handbook of Int. Trade and Development Statistics 1989.

LZB/N

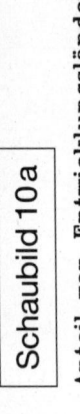

Schaubild 10a

**Anteil von Entwicklungsländern
am Weltexport (in Prozent)
1955 bis 1988**

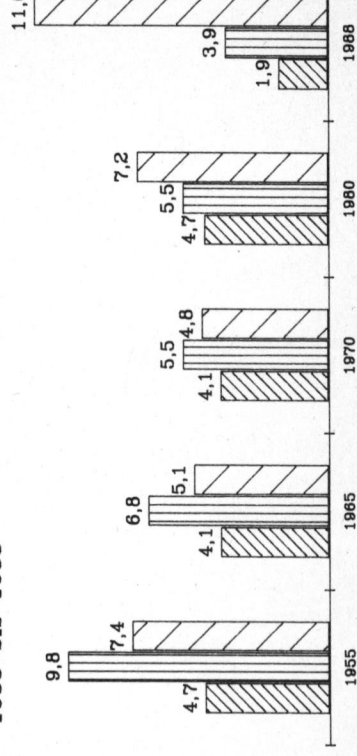

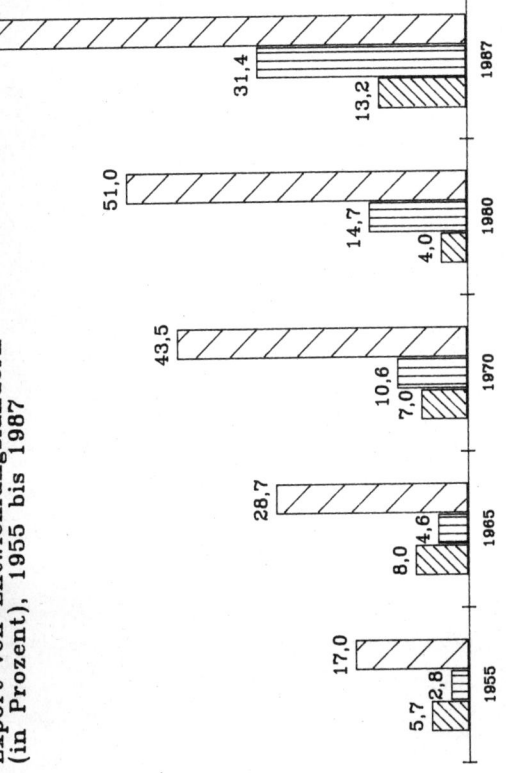

Schaubild 10b

Anteil verarbeiteter Industriewaren am Export von Entwicklungsländern (in Prozent), 1955 bis 1987

74,2
51,0
43,5
28,7
17,0
31,4
14,7
10,6
8,0
5,7
13,2
4,0
7,0
4,6
2,8

1987   1980   1970   1965   1955

☒ Afrika

▥ Lateinamerika

☒ Süd– und Südostasien

Quelle: UNCTAD, Handbook of Int. Trade and Development Statistics 1989.

LZB/N Vo

Mitglieder der Kammer
der Evangelischen Kirche in Deutschland
für Öffentliche Verantwortung
(Stand: 13. September 1991)

Helmut Begemann, Lemgo
Heinz Georg Binder, Bonn
Horst Birkhölzer, München
Axel Freiherr von Campenhausen, Hannover
Erhard Eppler, Schwäbisch Hall
Liselotte Funcke, Hagen
Helga Gilbert, Karlsruhe
Dietrich Goldschmidt, Berlin
Renate Hellwig, Bonn
Roman Herzog, Karlsruhe
Helmut Hesse, Hannover
Martin Honecker, Bonn
Wolfgang Huber, Heidelberg
Eberhard Jüngel, Tübingen
Peter Graf Kielmansegg, Mannheim
Ruth Leuze, Stuttgart
Hartmut Löwe, Hannover
Norbert Mann, Mülheim/Ruhr
Konrad Porzner, Pullach
Wolfgang Raupach, Burgdorf
Trutz Rendtorff, München *(Vorsitzender)*
Jürgen Schmude, Bonn
Eckhart von Vietinghoff, Hannover
Friedrich Vogel, Bonn
Horst Zilleßen, Oldenburg

Geschäftsführer:
Hermann Barth, Hannover

➡ Weltreligionen

Was jeder vom Islam wissen muß

Herausgegeben vom Lutherischen Kirchenamt der VELKD und vom Kirchenamt der EKD. 2. Auflage. 224 Seiten mit 10 Fotos. Kt. Originalausgabe. [3-579-00786-6] (GTB 786)

Dieser Band informiert schnell, sachlich und fundiert über den Islam. Ziel des Buches ist es, durch eine vertiefte Kenntnis des Islam zu einem besseren Verständnis dieser Religion und damit zu einem guten Zusammenleben von Muslimen und Christen beizutragen.

Was jeder vom Judentum wissen muß

Im Auftrag des Arbeitskreises »Kirche und Judentum« der VELKD und des Deutschen Nationalkomitees des Lutherischen Weltbundes herausgegeben von Arnulf M. Baumann. 6. Auflage. 224 Seiten mit zahlreichen Fotos. Originalausgabe. [3-579-00788-2] (GTB 788)

In diesem Band wird das Verhältnis zwischen Christen und Juden aus der Sicht von Theologie, Geschichte und Leben des Judentums allgemeinverständlich dargestellt.

Gütersloher Verlagshaus
Gerd Mohn

GTB Weltreligionen

Udo Tworuschka

Die vielen Namen Gottes

Weltreligionen heute.
254 Seiten. [3-579-00776-9]
(GTB 776)

Welche religiösen Vorstellungen bestimmen das Leben von Menschen anderer Religionen? Was glauben die Parsen, die Jainas oder die Sikhs? Neun große sowie zahlreiche kleinere religiöse Traditionen werden anschaulich vorgestellt.

Rüdiger Hauth

Tempelkult und Totentaufe

Die geheimen Rituale der Mormonen. 176 Seiten.
[3-579-00777-7] (GTB 777)

Wer sind die Mormonen? In diesem Band werden *erstmalig* die streng geheimgehaltenen Tempelrituale der Mormonen, die Totentaufe, das »Endowment«, die Siegelungen der Tempelehe und die Siegelungen der Kinder an die Eltern, als Quellenmaterial dokumentiert und kommentiert.

Adel Theodor Khoury

Was sagt der Koran zum Heiligen Krieg?

95 Seiten. [3-579-00789-0]
Originalausgabe (GTB 789)

Der Begriff »Heiliger Krieg« wird in seiner historischen Gebundenheit vorgeführt und eine ebenfalls im Koran angelegte Theorie des Friedens aufgezeigt.

William E. Paden

Am Anfang war Religion

Die Einheit in der Vielfalt
Aus dem Amerikanischen von H. und G. Kipp. 224 Seiten.
[3-579-00787-4] (GTB 787)

Paden wendet sich einer religiösen Sprache zu, die nicht nur in den Weltreligionen, sondern in allen religiösen Traditionen gesprochen wird.

Gütersloher Verlagshaus
G e r d M o h n

Wörterbuch
....

des Christentums
....

Herausgegeben von Volker Drehsen,
Hermann Häring, Karl-Josef Kuschel und
Helge Siemers in Zusammenarbeit mit
Manfred Baumotte.

Das Christentum der Gegenwart wird in
seinen historischen und kulturellen
Zusammenhängen allgemeinverständlich
dargestellt. Daten, Fakten, Sachinforma-
tionen auf über 1.400 Seiten mit
1500 Stichwortartikeln von 420 Autoren.
[3-579-00059-4]
Gütersloher Verlagshaus Gerd Mohn /
Benziger Verlag

Das Wörterbuch ist interkonfessio-

nell, interdisziplinär und interkultu-

rell ausgerichtet. Es informiert nicht

nur über neue religiöse Bewegun-

gen und die Weltreligionen, über

anthropologische Gegebenheiten

sozialer, ethischer und philosophi-

scher Art, sondern auch über die

verschiedenen Dimensionen kultu-

rellen Lebens, nicht nur in Europa,

die eine erkennbare Wirkung auf

das Christentum ausüben oder in

historischer Perspektive von ihm

her bestimmt sind.

Gütersloher
Verlagshaus
Gerd Mohn